O Ateu

O Ateu

1-10-08-40.000

Direção editorial: **Flávio Machado**
Assistente editorial: **Dirce Yukie Yamamoto**
Chefe de arte: **Marcio da Silva Barreto**
Capa: **Júlia Machado**
Diagramação: **Ricardo Brito**
Revisão: **Berenice Baeder**
Fotolito da capa e impressão: **SERMOGRAF – Artes Gráficas e Editora Ltda.**

Dados Internacionais de Catalogação na Publicação (CIP)
(Câmara Brasileira do Livro, SP, Brasil)

Carlos, Antônio (Espírito).
O ateu / romance de Antônio Carlos ; psicografado pela médium Vera Lúcia Marinzeck de Carvalho. – São Paulo : Petit, 2008.

ISBN 978-85-7253-171-9

1. Espiritismo 2. Psicografia 3. Romance espírita
I. Carvalho, Vera Lúcia Marinzeck de. II. Título.

08-08035 CDD: 133.93

Índices para catálogo sistemático:
1. Romances espíritas psicografados : Espiritismo 133.93

Impresso no Brasil, na primavera de 2008.

Prezado leitor(a),

Caso encontre neste livro alguma parte que acredita que vai interessar ou mesmo ajudar outras pessoas e decida distribuí-la por meio da internet ou outro meio, nunca deixe de mencionar a fonte, pois assim estará preservando os direitos do autor e conseqüentemente contribuindo para uma ótima divulgação do livro.

O Ateu

ROMANCE DO ESPÍRITO

Antônio Carlos

PSICOGRAFIA DA MÉDIUM

Vera Lúcia Marinzeck de Carvalho

petit editora

Rua Atuaí, 383/389 – Vila Esperança/Penha
CEP 03646-000 – São Paulo – SP
Fone: (0xx11) 2684-6000

Endereço para correspondência:
Caixa Postal 67545 – Ag. Almeida Lima
03102-970 – São Paulo – SP

www.petit.com.br | petit@petit.com.br

Livros da médium
VERA LÚCIA MARINZECK DE CARVALHO

Da própria médium:

- *Conforto Espiritual*
- *Conforto Espiritual 2*

Psicografados:

Com o Espírito Antônio Carlos

- *Reconciliação*
- *Cativos e Libertos*
- *Copos Que Andam*
- *Filho Adotivo*
- *Reparando Erros de Vidas Passadas*
- *A Mansão da Pedra Torta*
- *Palco das Encarnações*
- *Histórias Maravilhosas da Espiritualidade*
- *Muitos São os Chamados*
- *Reflexos do Passado*
- *Aqueles Que Amam*
- *O Diário de Luizinho* (infantil)
- *Novamente Juntos*
- *A Casa do Penhasco*
- *O Mistério do Sobrado*
- *O Último Jantar*
- *O Jardim das Rosas*
- *O Sonâmbulo*
- *Sejamos Felizes*
- *O Céu Pode Esperar*
- *Por Que Comigo?*
- *A Gruta das Orquídeas*
- *O Castelo dos Sonhos*
- *O Ateu*

Com o Espírito Patrícia

- *Violetas na Janela*
- *A Casa do Escritor*
- *O Vôo da Gaivota*
- *Vivendo no Mundo dos Espíritos*

Com o Espírito Rosângela

- *Nós, os Jovens*
- *A Aventura de Rafael* (infantil)
- *Aborrecente, Não. Sou Adolescente!*
- *O Sonho de Patrícia* (infantil)
- *Ser ou Não Ser Adulto*
- *O Velho do Livro* (infantil)
- *O Difícil Caminho das Drogas*
- *Flores de Maria*

Com o Espírito Jussara

- *Cabocla*
- *Sonhos de Liberdade*

Com espíritos diversos

- *Valeu a Pena!*
- *O Que Encontrei do Outro Lado da Vida*
- *Deficiente Mental: Por Que Fui Um?*
- *Morri! E Agora?*
- *Ah, Se Eu Pudesse Voltar no Tempo!*

Livros em outros idiomas

- *Violets on the Window*
- *Violetas en la Ventana*
- *Violoj sur Fenestro*
- *Reconciliación*
- *Deficiente Mental: ¿Por Que Fui Uno?*
- *Viviendo en el Mundo de los Espíritus*

SUMÁRIO

A TOCA

Gargalhadas alegres ecoaram pelo corredor. Ao abrir a porta da biblioteca, Jean Marie foi aclamado por três mulheres que ali estavam trabalhando, fazendo cópias de um texto escrito por ele.

– Você foi novamente fantástico, Ateu! Este artigo está muito bom! – elogiou Anne, entusiasmada.

Jean Marie era chamado carinhosamente por alguns amigos de Ateu, mas isso somente entre eles. Ele havia escrito aquele texto à noite, de umas vinte linhas somente, que motivava quem o lesse a pensar: "Onde estaria Deus que não fazia nada para ajudar nos lares onde havia escassez de alimentos? Estaria escondido ou participando de homenagens e não via crianças passando fome, frio e recebendo maus-tratos? Será que Deus via essas cenas? Se via, por que não fazia nada? Como entender este fato? Será que a divindade é conivente com esses acontecimentos?"

Joana leu o artigo em voz alta e exclamou:

– Se Deus existe e consente com essas injustiças, Ele é um bárbaro!

Jean Marie sentiu-se orgulhoso de seu trabalho, olhou para o espelho que decorava uma das paredes e se admirou. Passou a mão nas suas sobrancelhas, acertando-as. Tinha estatura e peso medianos, lábios finos, nariz perfeito, olhos pequenos, os cabelos rareavam e a testa era grande. Ao seu lado estava um desencarnado que sorria orgulhoso, sentia que os elogios eram para ele, o verdadeiro autor da obra-prima. Passou a mão também nas suas sobrancelhas. Seu aspecto era muito diferente do encarnado que obsediava: era alto, forte, mãos enormes, cabeleira farta e olhos grandes.

"*Somos iguais somente na descrença*", pensou o espectro rindo.

– Você está muito bem, Jean Marie. Continua bonito como sempre! – afirmou Anne.

– Seu artigo está muito bom – disse Bárbara. – Eu também queria obter estas respostas. Onde está Deus quando calamidades acontecem? Onde Ele estava quando, ainda menina, era estuprada de três a cinco vezes por dia pelos seus representantes?

Bárbara se exaltou e Joana mudou de assunto.

– Ateu, seu administrador quer falar com você.

– Problemas? – perguntou Anne. – Será que temos problemas na Toca? Amo este lugar! Nossa Toca! Moradia e abrigo dos diversos animais que somos nós. Lembra-se, Ateu, quando Estevão se referiu à sua casa como toca? Disse que éramos diferentes bichos e que os animais tinham tocas. Todos gostaram do nome. Devemos nos preocupar?

– Não se preocupem, não deve ser nada sério – respondeu Jean Marie. – Voltem ao trabalho, minhas queridas. Quero que Michel distribua esses artigos antes da festa.

– É uma injustiça você não poder assinar esta obra maravilhosa! – lamentou Joana.

– Não posso correr o risco – explicou Jean Marie. – Um artigo ateísta, assinado, seria minha condenação. E concordo com vocês: está muito bem-feito. Onde está Caterine?

– Se preparando para receber o seu amante – respondeu Joana.

– O monsenhor de novo? Ele deve estar realmente apaixonado! – comentou Jean Marie.

– Tomara que ela o faça sofrer! – exclamou Bárbara.

– Vou ver o que Gerald quer, meu administrador não deve me esperar; ele tem muito o que fazer.

Ele saiu, a biblioteca era a primeira porta depois das salas; no corredor havia muitas portas, a que ele acabara de fechar e as dos oito quartos. E na frente do corredor, à esquerda, estava o salão onde aconteciam as festas. À direita, a sala de estar que se comunicava com a sala de jantar, após a adega e a cozinha. A casa era realmente acolhedora.

“Foi uma boa idéia tê-la reformado”, pensou Jean Marie. “Fiz um salão das muitas salas existentes: sala de leitura, de bordado e pintura, estudo e música. Ficou ótimo esse salão, perfeito para nossos encontros festivos.”

Jean Marie foi à varanda, viu Gerald no portãozinho, à direita do jardim que dava acesso às casas dos empregados e foi ao seu encontro. Ele gostava do seu administrador que trabalhava ali desde o tempo de seu pai. Cuidava de tudo com dedicação.

– Quer falar comigo, Gerald? Algum problema com a fazenda?

– Não, senhor, está tudo certo com a propriedade – respondeu Gerald. Percebendo que seu patrão estava atento, criticou-o: – Se o senhor gastasse com seus hóspedes e festas o que rende a fazenda, já estaria arruinado, mas administrando como faz, ela está bem.

– Não vou arruinar a fazenda, Gerald. Primeiro porque você a administra muito bem. Além disso, tenho outra fonte de renda: os livros que escrevo são bem aceitos.

Jean Marie falou com ironia, mas Gerald não percebeu.

"Meus escritos não me rendem quase nada, mas é melhor ele acreditar que sim", pensou ele.

– Senhor Jean Marie, seus pais não iriam gostar de ver como está vivendo. Que a Fazenda São Francisco virou um lugar de orgias.

– Eles estão mortos, Gerald. Mas o que quer falar comigo? – perguntou o proprietário.

– É sobre as festas – respondeu o administrador. – Na sexta-feira o senhor dará mais uma. Queria pedir que impeça os convidados de irem às casas dos empregados, atrás de alguma mulher. Na última, isso aconteceu. Foi desagradável!

– Vou tomar providências, pode ficar sossegado. Tranqüilize todos; peça, porém, que tranquem as portas.

Gerald despediu-se e Jean Marie atravessou o jardim.

"Ele é ótimo administrador", pensou, "por isso me faço de surdo quando me critica. Até esqueço que a Toca teve outro nome. Seria ironia este lugar ter nome de um santo!"

Quando a propriedade passou a ser dele, a primeira coisa que fez foi dar todos os quadros de santos e imagens às suas irmãs. Deu também a elas as jóias de sua mãe. Mandou tirar a placa de madeira fixada no portão onde estava escrito "Fazenda São Francisco", alegando que ia restaurá-la, mas a mandou para a lareira numa noite fria.

– Senhor, a carruagem do monsenhor está chegando! Vi-a na curva – disse Gerald, que veio atrás dele no jardim. – Devo recebê-lo?

– Faça como sempre, Gerald – respondeu Jean Marie.

– Isso é um horror, ouviu, menino! – exclamou Gerald indignado.

– Cuidado, Gerald, gosto de você, é um velho empregado, mas não admito interferências. O que tem de mais receber aqui um representante da Igreja?

– Não me julgue mais tolo do que sou, menino Jean Marie. Temo em pensar o que pode acontecer nessas visitas do monsenhor. Quem ele vem ver? O senhor que não é, e, como não mora sozinho, fico a pensar: será que ele vem ver alguma das mulheres? As senhoras Bárbara, Caterine, Maurícia, Anne e os senhores Estevão e Jacó estão sempre aqui e não sabemos se moram ou não na fazenda, os outros nem sei, vão e voltam. Aqui nem parece mais um lar, mas uma hospedaria.

A carruagem do monsenhor passou pelo portão, Jean Marie ouviu o sino tocar duas vezes, olhou para o empregado e aconselhou:

– Gerald, não seja inconveniente, pode ser perigoso – Jean Marie advertiu-o.

– Foi somente um desabafo, temo pelo senhor, que para mim será sempre um menino. Como sempre, serei discreto.

– É melhor!

Jean Marie ajudou o monsenhor a descer e Gerald sorriu gentilmente cumprimentando-o.

– Jean Marie – disse o monsenhor –, trouxe o vinho que comprou. Como o entregador deixou sua encomenda junto com a da igreja, me prontifiquei a lhe entregar.

– Agradeço a gentileza! Gerald, coloque o vinho na adega.

Gerald foi pegar o barril e o monsenhor falou baixinho a ele:

– Estou fazendo um trabalho espiritual com esse grupo, quero salvar suas almas!

– Sim, senhor – respondeu Gerald.

– Por favor, monsenhor, entremos.

Na sala de estar a empregada, rapidamente, veio servir um conhaque, muito apreciado pela visita.

– Obrigado pelo presente – agradeceu Jean Marie.

– Tenho de arrumar desculpas para vir aqui e... – falou o monsenhor.

– Que são geniais! – interrompeu Jean Marie. – Mas, por favor, não quero prendê-lo, esteja à vontade, não a deixe esperar mais. No mesmo local!

O monsenhor sorriu, esvaziou o copo e saiu apressado. Caterine o recebia em seu quarto. Os aposentos eram poucos para tantos hóspedes. Ele tinha seu quarto, Caterine dividia o seu com Anne; Joana e Maurícia ocupavam outro, Bárbara dormia sozinha num quarto pequeno e quando recebia mais visitas ela ia para o aposento de Joana e Maurícia. Jacó e Estevão tinham os seus quartos, mas acomodavam alguém quando a casa hospedava o restante do grupo.

Jean Marie nem viu o monsenhor ir embora. À tarde, ao ouvir o barulho de uma carruagem, foi ao jardim. A propriedade ficava perto da cidade: somente dez minutos de carruagem ou cinco minutos a cavalo. A estrada era a continuação de uma rua. O portão abriu e ele viu o casal amigo chegar.

– Louco, querido! – exclamou Francesca saudando-o. – Tudo pronto para a festa?

– Quase tudo. Fizeram boa viagem? – perguntou Jean Marie.

O casal, Francesca e Victor, desceu, eram jovens ainda, elegantes e bonitos. Uma empregada veio para levar a bagagem, e outro, a carruagem para o lado esquerdo do jardim, onde havia uma estrebaria.

– Sim – respondeu Victor. – São oito horas de viagem, estamos cansados, mas felizes por estarmos aqui, neste recanto, na Toca querida.

– E a família? – Jean Marie quis saber.

Francesca e Victor eram casados, o único casal do grupo.

– Todos bem – respondeu Victor. – As crianças arteiras ficaram com minha sogra, como sempre. Fez novo artigo? Estamos curiosos para lê-lo.

– Fiz, as garotas estão copiando. Vão descansar, logo serviremos o jantar – disse Jean Marie.

À tardinha, chegou o restante do grupo. Fizeram elogios ao texto que Jean Marie escreveu e combinaram que Michel distribuiria as cópias, na noite seguinte, em algumas casas.

E, como sempre, o jantar foi animado.

No outro dia, após o desjejum, Jean Marie foi conversar com Michel.

– Esta noite distribua os panfletos, mas tenha cuidado, esteja atento, não entregue se perceber algum perigo.

– Devo viajar? – perguntou Michel.

– Não, você merece ficar para a festa, depois permanecerá uns dias na Toca. Vamos esperar um tempo para distribuí-los em outros locais. Devemos ser cautelosos. Suas próximas viagens serão somente para compras e vendas para a propriedade. Michel, quero lhe pedir um favor, na festa beba somente quando os convidados começarem a ir embora. Fique atento, não deixe que alguém mais exaltado vá importunar as empregadas na cozinha. Se isso acontecer, com jeito afaste-os, se não conseguir, faça o sinal costumeiro que virei em seguida. Quero também que receba as prendas enviadas pelos convidados e faça o de sempre.

– Usaremos somente parte do que nos enviarem para a festa, o restante irá para a despensa. Cumprirei suas ordens. Posso guardar para mim uma jarra do vinho bom que é servido primeiro?

– Pode – concordou Jean Marie.

A movimentação na casa era intensa. Em todas as festas era assim, e as reuniões eram constantes, pelo menos duas vezes por mês, realizadas às sextas-feiras, e recebiam muitos convidados. Com o grupo reunido havia saraus, às quintas-feiras, jogos, e tudo era motivo para comemorar e beber. Essas festas quinzenais eram famosas, com mulheres bonitas, senhores abastados, e nesta viriam dois músicos famosos. Tudo tinha de dar certo.

Depois que conversou com Michel, Jean Marie foi ao jardim falar com José, o jardineiro.

– José, sei que dorme cedo, mas gostaria que, na festa, você ficasse no portãozinho que dá passagem às casas dos empregados, para impedir que convidados passem para lá. Seja gentil, mas aja com firmeza: não deixe ninguém passar. Se não conseguir impedir, vá à cozinha e avise Michel, eu irei imediatamente. Certo?

– Sim, senhor. Não entendo como o senhor é assim...

– Assim como? – perguntou Jean Marie.

– Está sempre fazendo festas – respondeu José – em vez de escolher uma boa moça para casar, e seus amigos são... irresponsáveis. O senhor os financia e participa dessas orgias. Mas é bom patrão, se preocupa conosco e nos paga bem, não o entendo!

– Nunca me casarei, José – afirmou Jean Marie. – Estou com trinta e oito anos, velho para assumir um compromisso. Não nasci para ser fiel, faria infeliz a moça com quem me casasse. Não quero responsabilidades, gosto de viver assim.

– Mas os anos passam e a velhice vem – argumentou o jardineiro.

– Para que se preocupar com o futuro se o presente é tão bom! – exclamou Jean Marie.

– Senhor – chamou Michel –, o barão nos mandou prendas. Um empregado dele trouxe uma carroça com leitões, aves, sacos de farinha, cereais e vinho.

Fernão, o desencarnado, estava aborrecido com a interferência dos dois empregados antigos no modo de vida que Jean Marie levava e reclamou:

– *Deve ser Frei Damião! Esse senhor está sempre se intrometendo. Não sei como não se cansa! Tudo o que faz não dá resultado.*

Jean Marie foi olhar a mercadoria que chegou. Michel foi separando-a, ele era empregado da fazenda, recebia seu ordenado diretamente de Gerald, o administrador, e para fazer o outro trabalho, distribuir os artigos, recebia à parte. Para não desconfiarem dele, ele distribuía em outros locais, cidades, quando fazia compras ou vendia os produtos da fazenda. Era apaixonado por Caterine e sentia muito ciúme do monsenhor.

"As festas me dão lucro", pensou Jean Marie satisfeito, "a quinzenal abastece a minha despensa. Ainda bem que os convidados entendem que têm de colaborar. Agora me vem José com essa história de me ver casado. Esses meus dois empregados antigos acham que podem me aconselhar. Casar, eu? Que horror! Não o faço nem para ser sustentado! Será que sou doente? Não gosto de sexo nem de relacionamentos amorosos. Gosto de amigos."

Jean Marie entrou na casa e encontrou Victor, que estava na sala de estar. Perguntou, estranhando:

– Victor, arrumado a essa hora? Encontro?

– Sim, Francesca foi buscar a baronesa – respondeu Victor.

– Victor, vocês não têm mesmo ciúmes um do outro? Parece que se amam mas...

– Não diga "traem"! Não você, por favor! – interrompeu Victor. – Amo Francesca e ela me ama. Sei dos relacionamentos dela e ela também sabe dos meus, e até os facilita. Quando estamos em nossa casa, na cidade onde moramos, somos exemplares, mas aqui apimentamos o nosso relacionamento. Não traímos, trair é ser hipócrita, é o que fazem o barão e a baronesa. Eles aparentam ser uma coisa, mas são outra. Francesca foi buscá-la na sua carruagem. O barão não vê nada de errado no fato de Francesca buscar sua esposa para um passeio. A baronesa, sabendo que temos poucos recursos financeiros, me presenteia com razoáveis quantias.

– Victor, você tem recebido dinheiro da baronesa, Francesca também recebe presentes de seus amantes e não tem contribuído com nada para nossa causa ou casa – queixou-se Jean Marie.

– Ateu, Francesca copia seus artigos! Você sabe que vivemos com dificuldades, temos de sustentar nossa casa, três filhos, sogra e recebo pouco pelo meu trabalho.

– Está bem, não é hora para queixas. Victor, vou lhe perguntar uma coisa, só por curiosidade: por que é ateu?

Jean Marie pensava que para tudo havia uma causa. Uns pensamentos eram reflexos de outros. Uma conclusão era resultado de estudos ou experiência. Os ateus eram pessoas inteligentes e para chegarem a essa conclusão, de que nada existia além de matéria, quase sempre havia algum motivo. E naquele momento queria saber dos amigos o que eles pensavam.

"Para tudo, há motivo: até para a crença e a descrença", pensava ele.

– Que pergunta estranha! – respondeu Victor admirado. – Acho que sou ateu por amizade. Gosto de você, do grupo. Depois é ótimo não ter medo do Inferno. Acreditar que ao morrermos acabamos é um excelente motivo para aproveitarmos a vida! Escute! Francesca está chegando com a baronesa.

Pegou o sino que estava sobre a mesinha central e tocou duas vezes. Era o sinal de que alguém da casa estava recebendo visita íntima e que não deveria ser importunado. Por dez minutos, ninguém saía dos aposentos e quem quer que estivesse pelos corredores entrava rapidamente em algum cômodo. E, para a visita sair, usava-se o mesmo método, isso para evitar encontros constrangedores. Na porta do quarto que recebia o casal era colocada uma fita azul. Enquanto a fita estivesse na porta, ninguém entraria no aposento. Escutando as vozes de Francesca e da baronesa, Jean Marie escondeu-se atrás de um biombo e Victor ficou sozinho. A baronesa entrou na saleta de estar, sorriu para o amante e Francesca passou diretamente, indo à cozinha. O casal se dirigiu a um dos quartos. Jean Marie saiu de detrás do biombo e Francesca retornou à sala.

– Francesca, o que fala para a baronesa sobre esses encontros? – perguntou Jean Marie curioso.

– Louco, querido, digo-lhe que infelizmente sei do grande amor que meu marido sente por ela, mas que é impossível não só a minha separação dele, porque temos filhos pequenos, mas também a dela porque, embora o barão seja um péssimo marido, nunca lhe daria a liberdade. Ela me fala que nesses encontros somente conversam e eu finjo que acredito. A baronesa tem me presenteado. Veja este anel, ela me disse que era de sua mãe, mas me recomendou não usá-lo na frente do marido.

– Você não tem ciúmes mesmo? – indagou Jean Marie.

– Não, meu Louco, não tenho. Victor me ama e eu o amo, mas esse amor teria acabado se tudo entre nós fosse certinho.

– Vocês dois vêm aqui, fazem a colheita, recebem e vão embora.

– Louco! – exclamou Francesca indignada. – Por que fala assim comigo? Sabe quanto Victor recebe por mês daquele tio dele avarento? Se não fossem estes recursos, passaríamos por dificuldades. Você não quer que sua amiga verdadeira, a mais sincera, passe por necessidades, quer?

Jean Marie gostava de fato de Francesca, ela era a única que o chamava de Louco. Uma coisa era certa: os dois, ela e Victor, eram sinceros com ele.

– Por que é atéia, Francesca? – perguntou, mudando de assunto.

– O quê? Por que sou atéia? Bem... – Francesca realmente estranhou a pergunta, pensou por uns instantes e respondeu: – Acho que é porque gosto de você, admiro-o por ser inteligente e talentoso. Você deve estar certo. Nada sobrevive! Não gosto da hipocrisia do clero e eles não poderão me mandar para o Inferno. Vou agora à biblioteca fazer cópias do artigo, vamos levá-las para distribuir na calada da noite em algumas casas na cidade em que moramos.

Jean Marie ficou pensando:

"E eu, por que sou ateu? Acho que é porque detesto a autoridade da Igreja! O que a Inquisição fez, e ainda faz, bandidos da pior espécie não fazem. Eles pecam e não querem que nós pequemos. Fico trêmulo só de pensar nisso. Quero, tenho de ser ateu!"

A FESTA

Como sempre, tudo foi muito bem organizado e, na sexta-feira, às sete horas da noite, eles esperavam tranqüilamente os convidados chegarem. Vieram casais e alguns homens sozinhos que não queriam que as esposas participassem. Aparentemente era uma festa como muitas outras, comes e bebes à vontade, servidos pelos empregados; música e pares dançando. Só que, durante a festa, desapareciam alguns casais do salão, eles iam aos quartos e todos sabiam: "fita azul" não era para importunar. Havia trocas de casais, muita orgia e bebedeira, mas o forte eram as conversas. E o assunto da noite era o artigo que muitos receberam.

– Eu também recebi – afirmava Jean Marie.

Eloqüente, conduzia o assunto de forma sutil defendendo suas idéias, falando de maneira diferente a cada um dos seus diversos convidados. Ao barão, por exemplo, que já era ateu, disse:

– Eu admiro o autor desses artigos, gostaria de cumprimentá-lo e tê-lo entre meus convidados. Ele foi genial desta vez!

– Não vimos quem o entregou ou deixou em nosso jardim. Você tem razão, ele é inteligente! Se eu descobrir quem é, aviso-o – respondeu o barão.

Já ao conde, que estava em dúvida se aceitava ou não o ateísmo, ele opinava:

– Estes artigos me fizeram pensar. Não que os acate, mas fiquei pensando por que temos crianças passando fome? Por que seu filho, conde, sofre aquelas crises? Você e sua esposa são pessoas boas e honradas. Não há explicações! Se Deus fosse mesmo justo, não deixaria seu filho sofrer assim. Revolto-me com este fato. E quem nos dá explicações? Ninguém. Por quê? Simples, porque não há explicações!

O conde escutou atento e acabou por concordar com ele.

– Você tem razão, ninguém nos esclarece. A resposta que tive a essas indagações foi: porque Deus quer!

– E isso é resposta? Deus quer! Que ser cruel é esse Deus?! – exclamou Jean Marie escandalizado. – Ainda não aceitei o ateísmo, mas, escutando-o, já estou me convencendo.

Jean Marie passava as festas conversando, ficava atento ao discurso do outro e, ao invés de convencer, terminava o diálogo como se fora convencido.

Jean Marie conversava com uma senhora quando viu Michel lhe acenar, foi rápido ver o que seu empregado queria.

– Venha à biblioteca, senhor – disse Michel.

Jean Marie o seguiu e o empregado lhe sussurrou:

– A senhora Bárbara feriu o barão, estão aí dentro. Volto para o meu posto?

– Sim – respondeu Jean Marie.

Jean Marie entrou na biblioteca e fechou a porta. Anatólio, que também pertencia ao grupo, tentava acalmar Bárbara, que tremia e estava com os olhos arregalados. Anatólio sabia que não podia aproximar-se dela, por isso lhe dizia baixinho:

– Calma, querida! Calma, eu estou aqui! Eu a protejo!

O barão estava sentado em cima de uma das escrivaninhas; tinha um corte na testa que sangrava e estava atordoado. Rápido, Jean Marie inteirou-se da situação, aproximou-se de Bárbara e falou enérgico:

– Pare com isso! Volte ao seu estado normal!

Sacudia-a pelos braços. Ela suspirou e se acalmou.

– Jean Marie? – exclamou ela.

– Sim, sou eu! Preste atenção: vá com Anatólio ao meu quarto e fique quieta lá. Entendeu?

– Sim! – falou Bárbara baixinho.

– Anatólio – ordenou Jean Marie dirigindo-se ao amigo –, leve-a para o meu aposento, pegue uma camisa e um casaco meu, traga-os aqui, feche a porta do meu quarto e coloque a fita azul na porta. Depressa!

– Vou deixá-la sozinha? – perguntou Anatólio.

– Ela ficará melhor sozinha – afirmou Jean Marie.

Anatólio pegou no braço de Bárbara e eles saíram rapidamente da biblioteca.

– Essa mulher é louca! – exclamou o barão.

– Ela é doente! Desculpe-a! Como ela pôde recusar você?!

– Como sabe? Estava aqui? – perguntou o barão.

– Não, mas Bárbara é assim mesmo, recusa sempre o homem que ela ama, parece que se pune.

– Que estranho! – o barão falou compassado, com voz de bêbado.

– Há tempos ela é apaixonada por você – mentiu Jean Marie.

– Mas eu não a quero! É louca!

– Entendo-o! Vou estancar esse sangue. Farei um curativo agora mesmo.

Abriu uma gaveta e pegou o que precisava. Começou a limpar o ferimento. Enquanto fazia o curativo, falava exaltando as qualidades do barão.

"Ainda bem que ele bebeu muito e não está sentindo dor", pensou Jean Marie.

Anatólio chegou com as roupas, Jean Marie ajudou o barão a trocar a sua, suja de sangue, pelas dele limpas.

– Anatólio, por favor, leve as roupas do barão à cozinha e peça a uma empregada para lavá-las para que não manchem.

Anatólio saiu e Jean Marie falou:

– Voltemos ao salão, amigo barão. Para todos diremos que você foi abrir uma janela da biblioteca e uma parte dela, que estava solta, caiu em sua testa.

– Ela me acertou com aquela estatueta. Quase me mata! Você irá tomar providências, não é?

Jean Marie ficou sério e falou lamentando:

– A pobrezinha está doente, não tem ninguém. Vou levá-la ao médico novamente. Vamos, amigo, a festa está muito boa. Vou chamar Anne para lhe fazer companhia.

– Aquela inglesa? Prefiro Francesca.

Voltaram ao salão. Depois de repetir a mentira por umas três vezes explicando o porquê do ferimento, esqueceu o barão, que foi se refugiar nos braços de Joana.

– Jean Marie, você se lembra de Mauricie? Retornou à nossa pátria e eu o trouxe à festa – falou um dos seus convidados habituais.

O anfitrião o cumprimentou:

– Seja bem-vindo à minha casa. Quando retornou? Pretende ficar?

– Faz uma semana que voltei, vim somente para rever meus pais. Vou residir em Londres – respondeu Mauricie.

– Você estava em Londres?

– Não, fiz uma longa viagem para a Índia.

– Índia e seus mistérios! – exclamou Jean Marie. – Gostou da viagem? Por que demorou tanto tempo?

– Lá, permaneci estudando, meu caro Jean Marie. Foi uma viagem encantadora, onde aprendi muito. Sou outra pessoa com esses conhecimentos.

– Que conhecimentos são esses? – perguntou Jean Marie interessado.

– Foram muitos, mas o principal é sobre reencarnação – respondeu Mauricie.

– O fenômeno que tenta explicar que nascemos muitas vezes e que podemos ser até animais? – perguntou Jean Marie sorrindo.

– É, mais ou menos isso – respondeu Mauricie. – A crença que o espírito pode animar animais chama-se metempsicose, mas nós, meu caro Jean Marie, não nascemos em corpos de animais. A vida é um círculo, nossa alma, espírito, não morre. Vivemos aqui, vestindo este corpo de carne e ossos e, quando ele morre, vivemos em outros lugares e voltaremos, no futuro, a ter outro corpo, isto é a reencarnação.

– Estou admirado! Você é inteligente e de formação católica, é estranho você acreditar nesse fato! – exclamou Jean Marie.

– Nada há de estranho – respondeu Mauricie. – Nós temos obrigação de procurar respostas para o que não entendemos. Na noite passada recebemos em nossa casa um artigo que indaga onde está Deus, que não vê as crianças passando fome. A resposta é simples: Deus está em todos os lugares e dentro de nós. Pela reencarnação, uma pessoa que peca, ao morrer, não sofre pela eternidade, mas sim por algum tempo e depois volta a encarnar, tem outra oportunidade de viver em outro corpo físico e sua vida será o reflexo do que fez no passado, pode ser de coisas boas ou ruins.

– Você não acha essas idéias mirabolantes demais? É pior que esses artigos! Muito confuso! – exclamou Jean Marie.

– O senhor é ateu? – perguntou Mauricie. – O senhor já notou que todos os que se dizem ateus têm um forte motivo para ser?

– Eu não sou ateu, sou católico – Jean Marie respondeu depressa.

– O ateu – falou Mauricie tranqüilamente –, não acreditando em Deus, deve pensar que é algo, uma coisa, como se fosse um objeto ou uma máquina. Será que os ateus acham que somos somente aquilo que recebemos pela hereditariedade? Você, por exemplo, é um talentoso escritor, de quem recebeu esse dom? Existe algum escritor em sua família?

– Não, não há ninguém – respondeu Jean Marie incomodado.

– Você é herança de si mesmo. Somos a bagagem de diversas existências.

– Cuidado, amigo – alertou Jean Marie –, ao expor suas opiniões. Tudo o que se diferencia do que prega o clero é perigoso.

– Atenderei ao seu conselho – respondeu Mauricie. – Você é uma pessoa confiável, hospitaleira e com certeza posso falar dos conhecimentos que adquiri e que me fizeram sair do ateísmo, principalmente pela compreensão da lei do carma e da reencarnação. Esses conhecimentos são antigos...

Jean Marie viu novamente Michel lhe acenando, desta vez parecia nervoso, pediu licença a Mauricie e foi atender o empregado.

Fernão, o espírito, sorriu satisfeito e resmungou:

"*Não quero más influências sobre Jean Marie. Se o senhor Frei Damião pediu a esse indiano para falar de reencarnação a ele, tenho de ficar atento e impedi-lo.*"

Jean Marie aproximou-se de Michel e perguntou:

– O que aconteceu desta vez?

– Anatólio está provocando o barão.

Jean Marie olhou para o local indicado e viu o amigo conversando com o barão e mais três pessoas. Ele se aproximou rápido do grupo, encostou em Anatólio, ficou na frente dele e sorrindo falou ao grupo:

– Por favor, tomemos mais vinho. Essa maravilhosa bebida nos foi oferecida pelo barão e vocês sabem, o nosso amigo barão tem muito bom gosto. Brindemos! – e falou baixinho para Anatólio: – Saia daqui! Não converse com o barão!

Anatólio, aborrecido, afastou-se e o grupo alegre foi se servir de vinho. Jean Marie não viu mais Mauricie e os últimos convidados saíram de madrugada. Cansado, Jean Marie foi para seus aposentos e encontrou Bárbara dormindo num colchão no chão. Deitou-se em sua cama e dormiu.

Fernão era um desencarnado que obsediava todo o grupo, principalmente Jean Marie, a quem influenciava a escrever, pois ele era médium intuitivo[1]. Estava sempre perto deles, e Frei Damião, a quem ele se referira, fora um padre. Os dois se conheceram quando estavam encarnados. Simpatizavam um com o outro e ambos, de certa forma, sofreram com a

1. Jean Marie não sabia desse seu dom mediúnico. Esse fato não depende de um encarnado saber ou não, ele tem. O leitor poderá compreender melhor esse processo lendo *O Livro dos Médiuns*, de Allan Kardec, Segunda Parte, Capítulo 15, "Médiuns intuitivos." (Nota do Autor Espiritual)

Inquisição. Damião perdoou, compreendeu, e na condição de desencarnado passou a ajudar os envolvidos nessa perseguição, principalmente as vítimas que, marcadas pela dor, se sentiam injustiçadas e resolviam revidar. Damião gostava de Fernão e queria alertá-lo do mal que estava fazendo. Fernão não se vingava dos carrascos, daqueles que por muitos motivos agiram com crueldade infringindo o sexto mandamento: não matarás. Queria desmascarar o clero e tinha motivos para estar perto de Jean Marie.

Frei Damião de fato estava presente na festa e tentava amenizar os efeitos provocados pela eloqüência de Jean Marie, influenciado por Fernão. Acompanhou o conde quando ele foi embora e Fernão foi junto. O conde pensava revoltado:

"A Igreja é rica, os padres poderosos, mas eles não seguem os ensinamentos de Jesus. Por que eu tenho de seguir?"

– Conde, Frei Damião esforçou-se muito para tentar sugestioná-lo, aconselhando-o. Os seguidores de Jesus são aqueles que vivem se baseando no que ele ensinou. Eles podem ser padres ou não. Há pessoas que abusam em todos os lugares.

"Meu filho sofre muito! Se Deus realmente existisse não ia deixar meu menino sofrer assim", pensava o conde.

– Necessitamos compreender para não nos revoltarmos. Você escutou de Mauricie que nascemos muitas vezes em vários corpos. Se você entender este fato real, compreenderá que existe causa para todas as dores.

Mas o conde tinha tomado muito vinho e queria dormir. Fernão riu, depois falou a Damião:

– Não adianta, frei, o conde está convencido!

– Fernão, por que faz isso? Eles sofrerão, ninguém é feliz afastado do Criador. Você sabe que sobrevivemos à morte do físico.

– Gosto do senhor – disse Fernão –, *quero continuar a respeitá-lo, por isso, por favor, não se intrometa em nossas vidas. Sobrevivi, não acabei junto do meu corpo, mas não vi Deus, portanto Ele não existe. Devo e quero alertar o maior número de pessoas para não acreditar no clero.*

– Você continua vivo, está aqui na espiritualidade há muito tempo, sabe que voltamos a vestir outro corpo físico. Deus não é uma pessoa, é o princípio de tudo. Você acha que tudo que acontece na Terra, no universo, é obra do acaso? Que não há ninguém que organize tudo isso? Deus existe!

– Frei Damião – replicou Fernão –, *minha briga não é com Ele, esse Criador estranho, é com os padres. Eu os odeio! E não gosto do que eles pregam. Se o clero afirma que Deus existe, eu nego. Contradigo tudo o que eles falam.*

– Você afirmou que gosta de mim, me respeita, e fui um sacerdote – falou Frei Damião.

– O senhor é diferente, não foi como a maioria.

– Não deveríamos deixar o mal sobressair nem julgar todas as pessoas pelos maus atos de alguns. Existem bons sacerdotes! E ninguém é representante direto ou imediato do Criador. Há muito que compreender.

– Como me explica o fato de Deus deixar que errem em Seu nome? – perguntou Fernão com um sorriso cínico.

– *Você sabe que todos temos o livre-arbítrio, fazemos o que queremos e que os atos praticados a nós retornam. Somos livres, mas nossas obras nos pertencem* – respondeu Frei Damião.

– *Será mesmo que existe o retorno?* – Fernão perguntou deixando de rir.

– *Você ainda duvida? Foi comigo ver a situação dos padres inquisidores, aqueles que conhecemos. Viu quanto eles sofrem no umbral, cercados de desafetos, por aqueles que não os perdoaram e que também padecem pelo remorso. Por tudo o que viu é que lhe peço, deixe Jean Marie em paz.*

– *Não estou prejudicando nem ele nem ninguém do grupo, eles estão contentes e se afinam. "Ela" vive muito bem, me aceita porque quer. Não adianta você ter influenciado aquele Mauricie, o indiano, para conversar com "ela". Jean Marie, "ela", me deve e eu, como credor, acho justo cobrar. Não quero mais conversar com o senhor.*

Fernão voltou para a casa de Jean Marie. Ficou lá vampirizando as pessoas e obsediando Jean Marie, fazendo-o de instrumento para divulgar sua mágoa. Os dois se afinavam. Já Frei Damião prosseguiu tentando alertar os que saíram da festa convencidos de que Deus realmente não existia e que o clero era oportunista. Jean Marie e Fernão sabiam como convencer as pessoas, exaltavam o orgulho, davam muita importância aos que os escutavam. Usavam muitas frases como: "Por que Deus não prova a você que existe?", "Por que isso acontece com você?", "Não merece! Se os representantes de Deus fazem, por que nós não podemos?", "Por que não conosco?", "A vida é uma só! Devemos aproveitar".

Jean Marie acordou no outro dia, sábado, às onze horas. Bárbara já tinha se levantado. Foi à sala de refeição tomar seu desjejum. Os empregados limpavam a casa, a bagunça ainda era visível. Encontrou somente Francesca, que acabara de tomar seu café e que o cumprimentou sorridente dizendo:

– Bom dia, Louco! A festa, como sempre, foi maravilhosa. Vou sair com a baronesa para que Victor a encontre no bosque. Mais tarde terei um encontro, na hospedaria, com um amigo do conde. Darei desculpa de que irei comprar alguma jóia, espero ganhar uma.

Jean Marie não respondeu, estava com dor de cabeça. Tomou seu desjejum e depois foi verificar como estava sendo feita a limpeza da casa.

BÁRBARA

Sábado foi, para eles, um dia de ressaca e, por isso, dormiram muito. Jean Marie voltou para o seu quarto após o almoço e dormiu a tarde toda. Não viu Bárbara nem Anatólio.

No domingo, todos levantaram cedo para ir à missa. Eram maçantes para eles esses cultos, mas tinham medo de afrontar a Igreja, aparentemente todos eram católicos. Na igreja fingiam orar, seguindo apenas os rituais, distraídos ou prestando atenção nos outros. O monsenhor celebrou a missa. Caterine também fingia orar e nem olhou para o celebrante. O grupo era educado, sabia se portar bem quando necessário. Retornando à casa, Jean Marie ficou na varanda e pediu que Anatólio ficasse para conversarem.

– Anatólio, você ia agredir o barão?

– Você achou isso, quando pediu que eu me afastasse? Nunca faria um ato assim! Estava conversando com aqueles dois convidados quando o barão se aproximou e participou da conversa, falávamos de uma caçada. Não entendi o seu receio. Não faria algo que nos prejudicasse.

Jean Marie lembrou que estava tendo uma conversa interessante com Mauricie, quando Michel o alertou.

– Desculpe-me, Anatólio – disse Jean Marie. – Achei que pelo fato de o barão ter importunado Bárbara você poderia ser indelicado com ele. O que aconteceu na biblioteca?

– Estava na festa atento aos convidados, quando vi Bárbara entrar na biblioteca e o barão ir atrás. Pressentindo que poderia acontecer algo desagradável, entrei na biblioteca, mas não deu tempo. Bárbara acertou a estatueta na testa dele. Os dois gritaram, não sabia a quem acudir quando você entrou.

– Está sempre atento a Bárbara, não é? – perguntou Jean Marie. – Anatólio, esqueça esse amor, ele o fará sofrer. Está aqui conosco por causa dela ou concorda com nossas idéias?

– Claro que sim, Ateu – respondeu Anatólio sorrindo. – Sou ateu! Quanto a amar Bárbara, não consigo esquecê-la. Já sofro, amigo.

Jean Marie olhou para ele e concluiu consigo: "Anatólio não é ateu, está aqui por amar Bárbara e também por ser o terceiro filho. Esse costume injusto em que somente o primeiro filho recebe título e herança o fez um nascido em lar de nobres sem possuir bens. E como não gosta de trabalhar, uniu-se a nós e mora aqui. Viver às minhas custas é bem mais fácil".

– Você está duvidando? – perguntou Anatólio estranhando o que disse seu anfitrião. – Sou ateu desde que conversei com você a primeira vez. Ouvi falar de seu livro, achei coerente. Ainda bem que aceitei seu convite para conhecer a Toca. Estou muito bem aqui!

– Acredito! – afirmou Jean Marie. – Você é inteligente demais para crer em tantas tolices. Pense, amigo, em como lidar com esse seu sentimento. Bárbara nunca irá querê-lo como homem.

– Ela ama você! Sim, é verdade, Bárbara o ama!

– Bárbara gosta de mim como amigo – elucidou Jean Marie. – Nós dois nunca seremos um casal. Agora, me faça um favor, vá chamá-la, quero conversar com ela. Deve estar no quarto, não foi à missa.

– Estava indisposta – explicou Anatólio. – Vou bater na porta, se entro sem bater no quarto dela é capaz de me acertar com algum objeto.

Quando Bárbara estava no quarto, colocava na porta a fita azul, avisando para nenhum homem entrar. Jean Marie ficou esperando, viu Michel passando pelo jardim, acenou para que viesse falar com ele.

– Michel, desta vez não houve excesso, não é? Alguém foi incomodar os empregados?

– Não, senhor, os empregados não foram incomodados – respondeu Michel.

– Por que me chamou a segunda vez? Anatólio não estava discutindo com o barão – Jean Marie quis saber.

– Não estava? Melhor assim. Desculpe-me, mas achei que os dois discutiam, falavam acenando – explicou Michel.

– Não precisa se desculpar. Se achou que discutiam, agiu certo. Não quero brigas em minha casa. Michel, você gosta de trabalhar comigo?

– Gosto sim, senhor – respondeu o jovem empregado. – Ganho bem, viajo conhecendo lugares. Admiro seus artigos.

– Você os entende? – perguntou Jean Marie.

– Acho que sim, são simples. Se o senhor quer saber, sou ateu!

– Por quê?

– Por quê? Não sei. Tenho que saber para ser? – perguntou Michel.

– Não.

Jean Marie entendeu que Michel se dizia ser ateu, mas nem sabia ao certo o que era realmente ser ateísta. Com certeza, na primeira dificuldade clamaria por Deus e oraria.

– Você e Caterine ainda estão juntos? – indagou Jean Marie.

– Estamos sim, senhor. Ela é amante do monsenhor, mas gosta de mim. Um dia ficará somente comigo.

Michel sorriu, era um jovem bonito, um empregado fiel. Talvez amasse realmente Caterine, mas sabia que, como era acostumada ao luxo, não ficaria com um simples empregado. A não ser que ela estivesse economizando para isso.

– Pode ir, Michel – falou Jean Marie.

Bárbara aproximou-se, sentou no banco ao lado de Jean Marie, olhou-o e rogou:

– Desculpe-me!

– Bárbara, você não pode agir assim, agredindo pessoas. Já pensou se tivesse matado o barão? O golpe com aquela estatueta poderia bem ter causado um ferimento mortal. Estaríamos seriamente complicados se isso ocorresse. Se não quer que ninguém mexa com você, evite as ocasiões. Já lhe pedi que no auge da festa você se retirasse, mas não para a biblioteca e sim para o quarto e que trancasse a porta.

– Eu ia me retirar – Bárbara tentou explicar –, mas resolvi pegar um livro para ler antes de ir para o quarto. Porque com o barulho da festa não ia conseguir dormir. O barão tentou me abraçar, beijar e me disse palavras obscenas. Fiquei em pânico e nem vi o que fiz.

– Isso é grave, Bárbara – disse Jean Marie. – Aqui na Toca reina a devassidão, é difícil para qualquer um de nós viver de modo diferente. Ainda bem que o barão não se ofendeu; também estava bêbado.

– Você está aborrecido comigo? – perguntou Bárbara baixinho.

– Bárbara, estamos a sós, porque não me conta o que lhe aconteceu? Sei pouca coisa sobre você. Lembro bem de quando a encontrei. Estava viajando de carruagem e, ao passar por um lago, a vi, era uma menina, estava sentada numa pedra olhando as águas. Mandei o cocheiro parar, me aproximei de você, indaguei seu nome, você me olhou e respondeu baixinho: "Bárbara". Senti que estava muito triste. Perguntei: "Você quer que eu a leve para sua casa?" "Não tenho para onde ir", respondeu. Pensei que fora expulsa de casa por ter se envolvido com algum homem que a teria abandonado, então ofereci: "Venha comigo, cuido de você!" Nunca esqueci o seu olhar de medo. Tentei tranqüilizá-la: "Não sou nenhum estuprador, pode confiar". Ofereci-lhe minha mão, você a apertou e veio comigo. Não disse uma palavra durante o trajeto. Acomodei-a no quarto dos fundos, dei a chave para trancar a porta e, desde então, permaneceu conosco. Deve fazer uns doze anos que veio para a Toca. Você ajuda no meu trabalho, a organizar a casa, não se envolveu com ninguém e de vez em quando fala dos estupros. Você sabe que Anatólio a ama, não é?

Bárbara permaneceu quieta, de cabeça baixa, escutando-o. Jean Marie pensou que a amiga não ia responder, mas ela falou baixinho:

– Sei que Anatólio me ama, mas já expliquei a ele que não quero me relacionar com ninguém. Sou grata a você, Jean Marie, muito grata. Naquele dia em que nos encontramos, não sabia o que iria fazer, sentia muito medo. Não tinha escolha: ou ia com você ou me atirava no lago para morrer. Naquele momento decidi acompanhá-lo e, se você me estuprasse, eu o mataria e a mim também. A Toca foi uma bonança para mim. Fui bem tratada e respeitada, todos me entenderam. Recebi auxílio de você, que é ateu, e, no entanto, foram religiosos os meus carrascos. Eu o admiro, amo-o e não quero prejudicá-lo. Vou ser mais atenta.

– Você não me ama, Bárbara – afirmou Jean Marie. – Acho que gosta de mim como de um pai que a protege. Por que não me fala tudo o que lhe aconteceu? Talvez melhore essa sua rejeição.

Bárbara ia se exaltar, responder como sempre: "É que não foi com você! Ser estuprada três a cinco vezes por dia". Mas, desta vez, ela resolveu desabafar, olhou para o amigo e sentiu seu carinho. Falou compassadamente:

– Morava perto de um convento, meu pai era um pequeno avicultor, eu era a filha mais velha, tinha seis irmãos. Minha mãe ficou muito doente e meu genitor endividou-se. Os padres do convento emprestaram dinheiro a nós e não conseguimos pagar. Minha mãe melhorou, mas a dívida nos preocupava, íamos perder tudo do pouco que tínhamos. Então, o padre superior do convento disse ao meu pai que eu teria de ir trabalhar lá para pagar a dívida. Achei que iria trabalhar mesmo, despedi-me de todos e nunca mais os vi. No convento, fui levada para um quartinho numa parte isolada, onde aconteceu o que falei. Foi um horror! Era bem alimentada, parecia que queriam me ver nutrida como um animal. Saía do quarto somente de vez em quando, era levada por um deles ao jardim para tomar sol e respirar ar puro. Um dia, um dos padres me contou que minha mãe estava bem e que eles disseram aos meus pais que eu fora embora para longe com uma senhora bondosa.

Bárbara fez uma pausa para enxugar o rosto molhado de lágrimas. Jean Marie sentiu vontade de pedir-lhe para parar, mas achou que a amiga tinha de falar, segurou sua mão e ela continuou:

– Fiquei grávida. Com três meses tomei ervas para abortar e senti muitas dores. Estava me recuperando quando um dia, ao ser levada para tomar sol, consegui pegar um pau e bati com força na cabeça do padre que me vigiava, deixei-o caído. Rapidamente, fui para o pátio, passei pela estrebaria, peguei um cavalo, saí escondida e na estrada galopei, me distanciei rapidamente do convento. Não sabia para onde ir, passava de uma estrada a outra. À noite, parei para descansar e o cavalo fugiu. Quando o dia amanheceu, andei sem rumo, vi o lago, sentei-me numa pedra sem saber o que fazer, quando você apareceu.

Bárbara deu por encerrada suas lembranças, ficou quieta com os olhos parados. Jean Marie perguntou:

– Você não pensou em voltar para casa? Quando fugiu não quis ir para lá? Não quer saber de seus familiares?

– Quando fugi, sabia que o primeiro lugar em que me procurariam seria a minha casa e, se me encontrassem lá, provavelmente me matariam, o que para mim seria um alívio. Os padres não iam querer que eu contasse o que me aconteceu no convento, e se eles soubessem que eu falara algo, com certeza eliminariam quem ficasse sabendo para que não espalhasse o que alguns deles me fizeram. Depois, estava desonrada, seria vergonha para a família, minhas irmãs não casariam. E se eu não morresse, não teria escolha, ou iria para um prostíbulo ou para algum convento, dos dois preferia a morte.

– Convento? Será que eles a mandariam para um convento sem ter vocação? – perguntou Jean Marie.

– Ora, vocação! – exclamou Bárbara. – Num convento, podem-se contar nos dedos os que têm vocação; os que estão lá porque querem realmente servir a Deus, os que são religiosos bondosos. Os que estão lá por outros motivos são os maldosos. Numa noite, o superior estava comigo, implorei por misericórdia, pedi piedade em nome de Deus, ele riu e disse que esse Deus não teve piedade dele e que não adiantava eu pedir nada em Seu nome, porque não acreditava Nele.

– Será, Bárbara, que o superior era ateu? – perguntou Jean Marie admirado.

– Não sei, foi o que ele me disse. Não me lembro bem do que ele me falou, mas parece que os pais dele o venderam para um padre, que o estuprou. Ele cresceu, ficou no convento, não sabendo o que fazer para viver, tornou-se padre e, para se tornar superior, fez muitas coisas erradas, porque queria o poder. Recordo bem que ele não acreditava no Inferno e nem no Céu.

– Acho que isso explica atitudes erradas de certos padres – falou Jean Marie e mudou de assunto: – Você quer que eu mande Michel até seus pais para saber deles?

– Já fiz isso – respondeu Bárbara. – Sabendo que Michel ia lá perto em uma de suas viagens, pedi a ele que procurasse saber de minha família. Todos os meus irmãos se casaram e têm filhos, minha mãe faleceu e meu pai casou-se novamente. Eles acham que morri, é melhor que continuem acreditando nisso.

Jean Marie suspirou, pensou que estava perdendo o controle da casa e dos amigos e, para se certificar, perguntou:

– Alguém mais da casa sabe sua história?

– Já contei minha história várias vezes. Falar me dá alívio, estou lembrando sempre disso.

– Recordar os momentos ruins é revivê-los. Precisa recomeçar, Bárbara. Você precisa ter paz, ser feliz!

– Obrigada, Jean Marie. Agora, se me der licença, vou deitar, almoçarei no quarto.

– Você está sentindo algum mal-estar? – perguntou Jean Marie preocupado.

– Não, meu amigo, sinto somente a minha velha dor interna – respondeu Bárbara.

– Fique bem, por favor, por mim, por nós que a amamos – pediu ele.

– Tentarei, por você – falou Bárbara, ensaiando um sorriso que mais pareceu uma careta.

Bárbara levantou-se e entrou na casa. Jean Marie ficou pensando:

"Como acreditar em Deus, num Criador que deixa que uns matem outros ou, pior, permite que façam o que fizeram com Bárbara, que era uma jovenzinha? Só se existisse mesmo essa 'tal' de reencarnação. Aí haveria uma explicação. O melhor é pensar que morremos, acabamos e que Deus não existe. Assim, não somos responsáveis. Bárbara com certeza nunca esquecerá o que lhe aconteceu e não se envolverá com mais ninguém. Como sexo complica a vida da gente! Não sei por quê, não gosto de ter relações sexuais com ninguém. Não vejo graça! Mas não tenho motivos como Bárbara para não gostar, nunca ninguém me forçou, não me recordo de nada que pudesse ter me prejudicado. Não me sinto homem como os outros. Sou o que sou e pronto, estou bem assim."

Chamaram-no para o almoço. As pessoas acomodaram-se na sala de refeições. Jean Marie sentou-se à cabeceira, como convinha ao anfitrião. Antes de mandar servir, ele falou:

– Vou aproveitar que estamos reunidos para conversar com vocês.

– É sobre Bárbara? Você ficou muito bravo com ela? – interrompeu Maurícia preocupada.

– Não, minha querida, não fiquei bravo com ela e nem é esse o assunto, mas, já que foi mencionado, peço-lhes novamente que a protejam sempre. Quando houver algum excesso, interfiram, socorrendo-a. Quero lhes falar sobre as finanças. A vocês, que moram aqui, e aos que aqui se hospedam, lembro que todos devem cooperar.

– Você não está bem financeiramente? – perguntou Joana, temerosa.

– Com a Toca, tudo bem – respondeu Jean Marie. – Com a renda que obtenho da propriedade, pago os empregados, que são muitos para nos atender. Não posso tirar mais dinheiro do que a Toca rende, se o fizer, em um ano estaria arruinado. As festas e a mordomia em que vivemos são caras demais. Posso até sustentá-los, mas me irrito com abusos. Vocês precisam colaborar mais!

– Eu e Victor – justificou-se Francesca – passamos somente alguns dias do mês aqui, e temos família.

– Não é motivo para não cooperar – opinou Caterine. – Vocês vêm aqui, se divertem e obtêm desse lazer muitas coisas.

– Não tanto, a baronesa não dispõe de muito – falou Victor.

– Você, Louco, tem razão, devemos colaborar mais. Fique com este anel.

Francesca estendeu a mão com o anel para Jean Marie, achando que ele não o aceitaria, era a jóia que a baronesa lhe dera e pedira que não usasse por ali. Mas Jean Marie pegou-o, iria guardá-lo. O casal amigo estava muito abusado. Eles eram os que menos contribuíam.

– Vou pedir às minhas Mimis para nos mandarem mantimentos e vinho – disse Estevão. – E depois vou lhe dar um dinheiro que ganhei de outra Mimi.

– Estevão, você não tem jeito – falou Joana rindo. – Chama todas as suas senhoras amantes de Mimi. Se um dia me chamar assim, quebro sua cabeça.

– Chamo-as assim para não errar o nome – respondeu Estevão.

Começaram a rir comentando fatos engraçados.

– Voltemos ao assunto! – gritou Jean Marie que, depois de todos ficarem quietos, continuou a falar: – Quero que contribuam, e ainda hoje, tenho pouco dinheiro no cofre. Não falta muito para o inverno e com as temperaturas muito baixas não há como fazermos festas, e preciso de dinheiro, também porque dentro de dez dias irei a Paris, lá devo ir a duas festas, onde falarei de minhas obras.

– Por falar em obra, quando vai escrever outro livro? – perguntou Anne.

– Já estou escrevendo, devo trabalhar mais nele no inverno – respondeu o anfitrião. – Não mude de assunto, por favor.

– Eu vou contribuir, Ateu – disse Caterine. – Irei com você a Paris, mas ficarei somente uma semana. O monsenhor não quer que me afaste por muito tempo. É melhor fazer o que ele quer. Tem nos rendido bastante esse meu amante.

– Você, Caterine, é a que mais tem contribuído – falou Jean Marie. – Quem irá comigo a Paris? Vou ficar hospedado, como sempre, na casa da Emília, estou planejando ficar uns quarenta dias.

– Emprestando minha casa já contribuo, não é? – perguntou Emília.

Jean Marie olhou para Emília, lembrou que a conheceu numa festa e ela o convidou a se hospedar em sua casa. Quando ele aceitou e foi, ela explicou que necessitava de dinheiro: ele pagou a hospedagem e também a convidou a visitar a Toca. Emília sabia de fatos importantes e obscuros de certas pessoas e esses conhecimentos lhe rendiam alguma soma.

– Ora – falou Joana –, você, Emília, é viúva, herdou somente aquela casa de seu marido. Se não fosse Jean Marie ajudá-la, com certeza já a teria vendido. Hospeda-nos, mas, para comer lá, temos de comprar os alimentos. Você deveria escolher melhor seus amantes, está agora envolvida com um homem casado que nem dinheiro tem.

– Gosto dele – respondeu Emília –, mas não dispenso os convidados das festas. Vou tentar contribuir mais.

– Basta! – exclamou Jean Marie batendo a mão na mesa. – Vou mandar servir o almoço. O que tinha para falar já falei, quero resultados.

Ficaram quietos e, com certeza, como das outras vezes, uns contribuiriam, outros se esquivariam de fazê-lo. Estavam acostumados àquelas cenas. Sempre que Jean Marie achava que abusavam de sua hospedagem, ele exigia contribuição. Ele tinha dinheiro, e todos do grupo sabiam que vinha de uma fonte perigosa: a chantagem.

Almoçaram e o grupo se dispersou. Francesca e Victor saíram para seus encontros e Jean Marie entrou no quarto em que estavam alojados, que era o de Bárbara. Fechou a porta, pegou no bolso um molho de chaves e, em cada uma, havia uma marca.

"Tive uma boa idéia quando dei a cada um deles um baú para guardar seus pertences íntimos e fiz uma cópia das chaves para mim. Aqui estão os baús de Francesca e Victor."

Os baús não eram grandes, eram mais caixas de madeira. Abriu o de Francesca, continha cartas do barão e de outros dois amantes e algumas jóias.

"Francesca não guarda dinheiro, com certeza gasta tudo o que ganha."

Abriu a caixa de Victor, tinha pouca coisa: algum dinheiro e um retrato pequeno, pintado a óleo, dos três filhos.

"Que crianças lindas! E aqui está o baú de Bárbara. Não deve ter nada, mas como estou olhando vou abrir."

Nos pertences de Bárbara, havia somente duas folhas de papel, seus artigos com sua letra, uma flor murcha que ele lhe havia dado, um lenço seu e um frasco de veneno.

"Bárbara pensa realmente que me ama!"

Saiu daquele quarto e entrou no que Emília dividia com as outras. Não encontrou nada. Não quis ver os outros. Foi se reunir ao grupo, a maioria de seus amigos estava no salão esperando os convidados para o sarau e para conversarem. A tarde e a noite foram agradáveis, divertiram-se como sempre.

AS CHANTAGENS

Jean Marie levantava cedo somente em ocasiões raras, seu desjejum costumava ser às onze horas. E assim que tomou seu café na segunda-feira, a empregada trouxe-lhe dois bilhetes e informou:

– O senhor Jacques está aqui, pediu para avisá-lo do seu retorno assim que levantasse e de que vai embora após o almoço. Ele já tomou o desjejum e está na biblioteca esperando pelo senhor. A senhora Francesca e o senhor Victor já partiram, deixaram este bilhete, e o senhor Estevão também viajou.

– Estevão partiu?! Para onde? – perguntou Jean Marie admirado.

A empregada não respondeu, certamente não sabia, era melhor ler o bilhete. Curioso, abriu primeiro o de Estevão. Ele comunicava que resolvera, na noite anterior, viajar com uma de suas Mimis, ficaria doze dias na casa de campo dela, pois o marido se ausentara. E que depois iria a Paris se encontrar com ele.

– Que menino sem juízo! – exclamou Jean Marie baixinho.

A Mimi com quem Estevão fora viajar era uma senhora charmosa com filhos casados, o marido era um senhor sistemático e arrogante, que com certeza não aceitaria uma traição.

"Se Estevão tivesse me contado, eu teria tentado impedi-lo de fazer essa viagem perigosa. Tomara que não aconteça nada de ruim a esse garoto", pensou.

O bilhete do casal foi Francesca quem escreveu. Nele se despedia e informava que o casal voltaria à Toca para outros encontros quando ele estivesse em Paris.

– Não mencionou contribuição! Já esqueceram o assunto – lamentou aborrecido.

Foi à biblioteca e, de fato, Jacques o esperava. Saudou-o contente:

– Jean Marie, como está você? Tudo certo na Toca?

– Tudo bem – respondeu o anfitrião. – E com você? Com as esposas?

– Tudo certo – falou Jacques bem-humorado. – Estou vindo da casa da segunda, parto hoje para ver a terceira e a primeira ficará para o mês que vem.

– Jacques, como dá conta de três esposas? – perguntou Jean Marie rindo.

– Não daria se tivesse que aturá-las juntas. Morando cada uma em cidade diferente e longe tem dado certo, vejo uma de cada vez. Já os filhos me preocupam, são oito. Ainda bem que estão crescendo. Vim falar de negócios, trouxe a colheita.

Jacques chamava o resultado das chantagens de colheita. Era fácil para Jean Marie saber de certos assuntos que as pessoas não queriam que viessem a público. Ele e Jacó planejavam como extorquir e Jacques executava os planos deles, ameaçava a vítima e recebia o dinheiro. Tudo muito sigiloso. Jacques vinha à Toca raramente e só o fazia em dia de pouco movimento. Assim, somente algumas pessoas sabiam do envolvimento dele com o grupo.

Jacques abriu uma caixa e começou a prestar contas a Jean Marie.

– Esta quantia recebi da... essa outra é daquele... Confira e me dê a minha parte.

– Jacques, vamos parar um pouco com as chantagens – falou Jean Marie determinado.

– Está louco? Não consigo viver sem essas comissões! – Jacques exclamou preocupado.

– Já pensou em trabalhar? – perguntou Jean Marie.

– Está me ofendendo! Pois não trabalho? Executo com perfeição e habilidade o serviço para você. Não podemos parar.

– Não iremos parar – afirmou Jean Marie. – Disse somente para fazer um intervalo. Você devolveu, como mandei, os documentos ao senhor Moriè? Espero que tenha devolvido. Vou a Paris e vamos nos encontrar lá, ele com certeza me falará. Não vou mais chantageá-lo. Ele já nos deu o bastante.

– Cumpro suas ordens – respondeu Jacques sério sem conseguir esconder seu descontentamento. – Não sei por que às vezes você tem escrúpulos. Não chantageamos os bons nem os honestos.

– Jacques, não podemos ultrapassar o limite que estipulamos. Não exigir demais nem deixar de cumprir com a palavra. Devemos ser cuidadosos. Ninguém gosta de despender dinheiro para ficar livre de ameaças. O que fazemos é perigoso. Sua porcentagem é alta, se você gasta muito com os filhos e as esposas deve se organizar e economizar. Por que não coloca seus filhos para trabalhar?

– Não tenho coragem de colocá-los para trabalhar – respondeu Jacques. – Não desejo vê-los envolvidos em algo perigoso, não quero que façam o que faço. Mas vou tentar seguir seus conselhos. Planejo casar as duas filhas mais velhas, uma tem dezesseis e a outra, catorze. O meu primogênito seguirá a carreira militar. Vou me organizar e gastar menos.

– Aqui está a sua parte! – Jean Marie falou pausadamente. – Vamos deixar de incomodar por três ou quatro meses. Depois, voltaremos a chantagear outras pessoas, umas duas Mimis de Estevão.

– Não tem como tirar muito dinheiro de mulheres – falou Jacques. – Elas normalmente não dispõem de muito. Podemos chantagear o conde Luigi, ele é riquíssimo.

– É complicado! – exclamou Jean Marie. – Não temos provas concretas e ele é muito importante.

– Não o suficiente para enfrentar a Igreja. Ele participa de certas orgias e cultos. E dizem que os participantes dessa seita adoram as forças maléficas.

Jacó entrou na biblioteca, cumprimentou Jacques, participou da conversa e conferiu resultados. Jacó ajudava os dois nas chantagens.

– Estava falando a Jacques – explicou Jean Marie – que chantagear o conde Luigi pode ser muito perigoso.

– Concordo com você – disse Jacó. – Temos de planejar muito bem e será só por uma vez. O conde é influente e perverso.

– Como sabe que ele é perverso? – perguntou Jacques.

– Trata muito mal seus empregados, não tem piedade de ninguém. Já casou três vezes e duas de suas esposas tiveram mortes muito estranhas. E quem participa dos cultos ao demônio são normalmente pessoas cruéis.

– Esses cultos são inadmissíveis! – exclamou Jean Marie.

– Cultos são cultos! – replicou Jacó. – Existem os que tentam elevar as pessoas, alertando-as a fazerem o bem e outros, como os que o conde pratica, que incentivam a maldade. Se Deus não existe, demônios também não!

– Eles são os demônios! – afirmou Jacques. – Os freqüentadores desse culto são os diabos na Terra.

– Por isso devemos ser cautelosos! – opinou Jacó. – Vou planejar tudo sem esquecer os detalhes. E Jean Marie tem razão, se fizermos bem-feito e sem exagero não mataremos a galinha dos ovos de ouro. Um pouco aqui, outro ali e estaremos sempre com os nossos cofres cheios.

– Qual é a ordem? – perguntou Jacques.

– Extorquir somente o senhor Fourier, a mesma quantia, e devolver-lhe as cartas comprometedoras. Fique com o dinheiro todo, para você passar esses meses. Volte à Toca daqui a noventa dias. Nesse tempo, Jacó e eu resolveremos o que fazer.

– Está bem – concordou Jacques.

– Jacques, você não teme ser assassinado ou chantageado? – perguntou Jacó.

– Não. Vocês dois são inteligentes e planejam muito bem essas extorsões. Envio as cartas e nelas há os locais certos para eu receber o dinheiro. Poucos sabem quem sou, fui intermediário direto somente em chantagens a duas mulheres e elas não têm por que falar. Agiram errado e pagaram por isso. Sou esperto, faço bem as colheitas. Se alguém me chantagear por causa de minhas três mulheres, não ligo, se alguma ficar sabendo e quiser a separação, acharei até bom e, se der, arrumo outra para ficar no lugar. Se me matarem, acabou, passei pela vida e nada restou. O bom de ser ateu é isso: não temer castigo nem necessitar fazer sacrifícios para ter boa vida no Céu. Viver na ilusão da matéria é maravilhoso!

– Você já pensou se estivermos errados? – perguntou Jacó rindo.

– Não pensei nem vou pensar. Realmente não acredito em nada – afirmou Jacques.

– Desde quando, Jacques, você pensa assim? – Jacó quis saber.

– Nunca fui religioso. Estava casado com a primeira das minhas esposas quando vim trabalhar com Jean Marie como secretário. Lembro que a Toca não estava bem financeiramente e que vocês dois sabiam de atos escusos que pessoas endinheiradas cometiam e resolveram chantageá-las. Idéia brilhante! Eu participei, deu certo, passei a viajar, conheci as outras duas mulheres, que se tornaram, por documentos falsos, minhas legítimas esposas. E, desde então, estou muito bem. Antes, sentia arrepio em pensar que tudo o que gostava de fazer era pecado e, quando entendi que o pecado não existe, tornei-me incrédulo. Acho que sou o mais ateu de todos.

Riram. Acertaram mais alguns detalhes e Jacques pediu:

– Jean Marie, agora posso almoçar na cozinha? Quero partir logo.

– Fique à vontade – respondeu Jean Marie.

Jacques saiu, Jacó e Jean Marie continuaram conversando.

– Você confia em Jacques? – perguntou Jacó.

– Mais ou menos. Ele tem muitos gastos. Ordenei que entregasse os documentos ao senhor Moriè, mas acho que não o fez. Como disse que vou encontrar o senhor Moriè em Paris e que certamente ele me dirá se ainda está ou não sendo chantageado, Jacques certamente vai lhe entregar os documentos. Você desconfia dele?

– Nós somos farristas – respondeu Jacó. – Temos muitos defeitos, mas gostamos um do outro e somos, de certa forma, honestos. Jacques é estranho, não participa da nossa amizade. Não tem interesse nem de perguntar como temos passado.

– Você concorda com ele que o ateísmo nos faz viver na ilusão? – Jean Marie quis saber a opinião do amigo.

– Ilusão? – Jacó riu. – Acho que somos realistas. Iludidos são os que acreditam no Céu e no Inferno.

– O Céu e o Inferno podem ser lugares um pouco diferentes do que dizem. Sofrimentos e gozos eternos são muito chatos. Pode haver mistérios!

– Mistérios! Se eles existem devem ser desvendados. Nada existe depois da morte – Jacó suspirou.

– Você não a esqueceu? – perguntou Jean Marie.

– Não! E detesto a morte!

– Vocês nunca ficaram juntos e, se ela estivesse viva, talvez não fosse querê-la, ela seria uma mulher velha.

– Não sei explicar esse sentimento – falou Jacó. – Gostei de sua mãe quando éramos jovens. Ela foi obrigada a casar com seu pai. Era honesta, nunca traiu o marido. Somente tivemos um beijo de amor. Nunca mais gostei de outra mulher, por isso não casei, não quis ser desonesto com ninguém, não seria capaz de fingir amar. Preferi ficar sozinho. Raramente via sua mãe e, quando ela morreu, senti muito. Tenho certeza de que continuaria a amá-la, mesmo sendo velhinha. Fico confuso quando penso nisso, um amor além do corpo!

– Será que você não fez desse amor um escudo para não se envolver com ninguém? – perguntou Jean Marie.

– Pode até ser. Às vezes penso que seria muito bom continuar existindo para que, ao morrer, pudéssemos reencontrar com as pessoas que amamos. Como seria bom me reencontrar com ela! E, se tivermos outras existências, viveremos juntos. Acreditar nisso é consolador!

– Você queria realmente que existisse isso? Esses reencontros e continuar vivendo? – perguntou Jean Marie admirado.

– Sim, queria, e, se pudesse acreditar, iria mudar minha maneira de viver, não faria nada de errado. Já errei muito!

– Gosto de você, é meu amigo e não acho que esteja errado – opinou Jean Marie.

– Obrigado, Jean Marie, também gosto de você. Mas como não erro? Às vezes acho que não fiz nada certo. Não constituí um lar, não casei porque sempre amei sua mãe. E, em vez de trabalhar, passei a me embriagar e a jogar; nas cartas, perdi a pequena fortuna que meus pais adquiriram com trabalho honesto. Estava pobre, quando me trouxe para morar aqui. Ajudou-me muito. Acho também que agimos errado chantageando, vivendo na devassidão.

– Você é infeliz? – Jean Marie quis saber.

– Sou e não sou – respondeu Jacó. – Se penso muito, sinto-me infeliz, se me divirto, sou feliz. Acho que já estou velho e não quero ficar me lamentando. Quero lhe dizer que não vou a Paris, ficarei aqui e aproveitarei para planejar o melhor modo de chantagear o conde Luigi.

– Jacó, você precisa de dinheiro? Quer algo? Não quero que passe por necessidades.

– Não, obrigado, não preciso de nada. O que posso querer mais? Você me dá teto, comida, roupas e não contribuo.

– Como não? É o mentor das chantagens! – exclamou Jean Marie sorrindo.

– Que título deprimente!

Bateram à porta. Era Jacques que, entrando na biblioteca, avisou:

– Já almocei e vou partir.

– Que pressa! – falou Jacó.

– Quero partir logo, chegar à noite na minha segunda casa. Voltei aqui porque me esqueci de lhe falar que encontrei com seu irmão, Jean Marie. Eu estava num restaurante, quando ele entrou e me cumprimentou.

– Perguntou por mim? – quis saber Jean Marie.

– Não, somente me indagou se continuava trabalhando na Fazenda São Francisco. Demorei uns segundos para lembrar que antes nossa Toca era chamada assim. Respondi que não, e ele se afastou. Estava muito elegante. Perguntei discretamente ao garçom como seu irmão estava. Depois de uma boa gorjeta, ele me contou que seu irmão e família freqüentam o lugar, que estão todos bem, os seus sobrinhos casaram-se e suas duas irmãs estão bem também. Já vou, Michel já trouxe minha carruagem. Adeus!

Jacques saiu e Jacó perguntou para Jean Marie.

– Seus irmãos nunca o procuraram?

– Não, e nem eu a eles. Separamo-nos realmente. Meu irmão e minhas irmãs são muito diferentes de mim. São certinhos, casaram, tiveram filhos e não me desculparam pelo que lhes fiz. Fiz e não me arrependo. Não fui honesto na partilha dos bens. Eu sempre morei com os meus pais e, quando meus irmãos se casaram, vinham visitar-nos raramente. Mamãe faleceu e, seis meses depois, papai também morreu. Organizei os papéis e falsifiquei documentos. Ao abrirmos o testamento, eles se assustaram ao ver que papai havia deixado a Toca para mim, para meu irmão uma casa em Paris e para elas somente jóias e quadros de santos. Não entenderam e desconfiaram, mas como não puderam provar, tiveram de aceitar. Brigaram comigo e nunca mais nos vimos. Não gosto deles e nem eles de mim, se tivesse de procurá-los, seria para dar a eles o que é justo, mas, como não quero fazer isso, é melhor que fiquem longe.

– Será que seus pais não aprovariam sua atitude? – perguntou Jacó. – Os outros filhos afastaram-se e você cuidou deles. Seu pai deveria ter feito o testamento, não fez. Você agiu certo, fazendo-o por ele.

– Papai me dizia que a Toca, a Fazenda São Francisco, era minha, mas não fez testamento nem passou para o meu nome.

– Quando queremos algo, devemos fazê-lo e não deixar para depois ou para os outros fazerem. Você agiu certo falsificando o testamento. Seus irmãos estão bem financeiramente e fizeram bons casamentos. Mesmo se eles não tivessem bem, a vida é dos espertos.

– Às vezes sinto falta deles – queixou-se Jean Marie. – Queria rever meus sobrinhos. Uma filha de meu irmão casou-se no mês passado e não fui convidado.

– É melhor você esquecer seus parentes – aconselhou Jacó. – Eu tenho alguns parentes, mas é como se não os tivesse, eles sentem vergonha de mim. Eles não me fazem falta e também os seus não devem lhe fazer. Jean Marie, você é minha família, gosto de você como se fosse meu filho.

– Vou esquecê-los – afirmou o proprietário da casa. – Lembrei deles porque Jacques me deu notícias. Falando em Jacques, vou ver se ele foi embora e o que fez.

Jean Marie foi à estrebaria e ele já tinha partido. Perguntou a Michel se o amigo fizera algo diferente.

– O senhor Jacques deu uma quantia de dinheiro a João para ele ir entregar um envelope para ele.

– Você ouviu onde e para quem? – perguntou Jean Marie.

– Claro que sim, até anotei, ia depois levar ao senhor. Aqui está o papel. João partirá logo mais. Quer conversar com ele?

– Não!

Pegou o papel, leu e pensou sorrindo:

"Jacques não devolveu as provas para o senhor Moriè. Como eu disse que iria saber, ele está devolvendo agora, pagou para João, meu empregado, entregá-las. Não posso mesmo confiar em Jacques, tenho de ficar atento."

– O senhor Jacques – falou Michel – recomendou a João que colocasse esses documentos numa certa caixa no jardim do endereço que anotei e que tivesse muita cautela pra ninguém ver.

– Tudo bem Michel, continue atento e me conte tudo o que for vendo e ouvindo por aqui.

Jean Marie saiu da estrebaria e, no jardim, encontrou com Gerald, seu administrador, que após cumprimentá-lo falou:

– Senhor, estava à sua procura.

– O que aconteceu? – quis saber.

– A carroça do orfanato está aqui. As irmãs estão lhe pedindo alguns alimentos e também se alguém pode ir lá para consertar o telhado e verificar o poço d'água, parece que não está tendo água suficiente, acho que deve aumentar a corda e talvez fazer outro suporte.

– Existem tarefas que as freiras não conseguem fazer – comentou Jean Marie. – Tudo bem, Gerald, peça para três empregados irem lá e fazer os consertos e não esqueça que eles devem levar as ferramentas, porque elas não têm nenhuma por lá. Vá com Michel à nossa despensa e pegue os alimentos de que as freiras necessitam.

– O senhor é bondoso ajudando-as! – exclamou Gerald. – Elas sabem que podem contar com o senhor. Socorre-as sempre.

– Você sabe quantas crianças no momento estão abrigadas lá?

– Dizem que moram quarenta e seis crianças e oito freiras – respondeu Gerald. – Vou agora chamar Michel e cumprir suas ordens. As irmãs de caridade mandaram lhe dizer que oram muito para o senhor e para todos da casa.

– Desperdício de tempo! – resmungou Jean Marie.

– O quê? – perguntou Gerald, que não ouviu.

– Disse que elas deveriam orar menos e agir mais. Fazer algo para ter o que comer.

– Se o senhor me permite, vou organizar para elas uma horta e uma criação de animais, para que possam trabalhar e assim se alimentar melhor.

– Ótima sugestão! – exclamou Jean Marie. – Tem a minha permissão. Tente conseguir alguns voluntários e que os empregados da Toca possam ir algumas horas por semana para ajudá-las. Comece já, organize tudo para que elas continuem o trabalho.

– Obrigado, senhor – falou Gerald emocionado.

– Por que me agradece?

– O senhor está fazendo bem às crianças órfãs e eu fico comovido. As freiras gostam do senhor e da senhora Bárbara, ela vai lá duas vezes por semana e ensina as crianças a bordar, a pintar e a cozinhar. A senhora Anne também vai ao orfanato, não com tanta freqüência, e ensina inglês às crianças.

Jean Marie se despediu e entrou na casa para almoçar. E, como sempre, a conversa era animada durante as refeições.

– Ateu, amanhã cedo vou viajar – comunicou Cirano. – Vou participar de uma caçada com uns amigos. Recebi uma carta de um deles me convidando.

– Nossa! Essa casa ficará vazia! – comentou Anne.

– Tenha cuidado, Cirano – pediu Jean Marie.

– Cuidado? Por que está me recomendando cautela? – perguntou Cirano.

– Ora, em caçadas sempre existem perigos! – respondeu Joana. – São armas, cavalgadas, sempre é bom ter cuidado.

Jean Marie aprovou a resposta de Joana. Sentia-se angustiado e não sabia por quê. Olhou para o amigo, Cirano era bissexual e tinha alguns envolvimentos com outros homens. Quando Jean Marie o conheceu em Paris, ele dizia estar apaixonado e veio à Toca atrás dele. Como não fora correspondido, tornaram-se amigos. Cirano morava na Toca, mas viajava muito. Ele usava muitos anéis, tinha bom gosto e estava sempre bem vestido.

– Ateu – disse Cirano –, quero lhe entregar a minha contribuição. Aqui está uma quantia em dinheiro e também coloquei em seu armário um traje muito bonito para usar em uma das festas em Paris. Quero que vá elegante. A roupa era minha e adaptei-a para você.

– Obrigado, Cirano – respondeu Jean Marie. – Confio no seu bom gosto, vou usar a roupa numa das festas. Quanto tempo pretende ficar fora?

– Isso vai depender de muitas coisas, se gostar, fico mais; se não, volto em dez dias, a tempo de ir com você a Paris. Escrevo para informar.

– Boa viagem e ótima caçada! – desejaram todos.

Tudo parecia certo, mas Jean Marie estava inquieto, não conseguiu participar da conversa.

"Será", pensou, "que estou ansioso por Estevão ter ido viajar com uma de suas Mimis, cujo marido é perigoso? Ou por Jacques ter mentido e por não poder mais confiar nele? Será a caçada de Cirano? Pelo casal estar viajando? Por ter recebido notícias de meus irmãos? Parece que não é nada disso! Vou me deitar, fazer minha sesta e me sossegar."

Jean Marie estava inquieto porque Fernão é que estava inquieto.

O PASSADO

Frei Damião encontrou Fernão, o espírito obsessor, sentado na varanda, pensativo.

– *Preocupado?* – perguntou Frei Damião.

– *Poderia me poupar de ironia* – respondeu Fernão. – *O senhor sabe bem o que acontece. Lê meus pensamentos e o de todo o grupo.*

– *Não sou irônico, você sabe bem disso. Realmente sei o que o preocupa, não indaguei com intenção de lhe falar: eu o avisei. Perguntei com carinho.*

– *Por que o senhor vem aqui ou se preocupa comigo?* – perguntou Fernão. – *Eu o trato mal.*

– *Você não me trata mal* – respondeu Frei Damião. – *Discordamos porque temos visões diferentes. Diante de uma dificuldade, agimos de modo diverso. Você se sentiu ofendido e eu não.*

– *Não o entendo! Como pode não se sentir ofendido ao receber uma maldade que muito o prejudicou?* – Fernão falou indignado.

– Será mesmo que me prejudicou? Não me senti prejudicado. A maldade que recebi não me fez uma pessoa má, recebi dores, somente, e elas passaram. Se me preocupo com você é porque a maldade que recebeu o tornou vingativo, com ímpetos de agir erradamente. Se isso aconteceu, aí sim, a maldade que recebeu realmente o prejudicou muito, o tornou mau.

– O senhor fala difícil – disse Fernão.

– Mas você me entende, é inteligente, teve mais estudos do que eu. Foi médico. É pena dizer que foi, poderia continuar sendo.

– Jurei que usaria a medicina para sanar dores e não para provocá-las. Perdi o direito de clinicar.

– Quem lhe tirou esse direito? – indagou Frei Damião.

– Quem? Acho que eu mesmo! – exclamou Fernão.

– Você não deve se punir, Fernão. Entenda os acontecimentos, esqueça os fatos ruins.

Fernão suspirou, o passado veio à sua mente e falou recordando:

– Como posso esquecer o passado? Antes não era amargo, eles que me fizeram assim. Estudei Medicina e tinha muitos sonhos. Quis ser um bom médico. Casei apaixonado e tudo para mim estava bem. Embora Isabel, minha esposa, fosse geniosa, combinávamos e tivemos filhos sadios e bonitos. Estudei e trabalhei muito e, de fato, tornei-me um bom médico e antes isso não tivesse acontecido. Atendi um monsenhor, uma pessoa importante na Inquisição e, como ele se curou, passei a ser médico dos padres importantes. Todos temiam a Inquisição, eu também e Isabel mais ainda. Com esses novos pacientes, passei a ser bem remunerado. Eles eram para mim doentes

como os outros. Até que o monsenhor quis que eu atendesse os perseguidos, não para curá-los, mas para que não morressem nas seções de tortura, pois ele os queria vivos para padecer nas fogueiras. Foi, para mim, um horror! Eu me odeio por não ter tido a coragem de dizer não. Isabel se apavorou e foi ela que não me deixou recusar. Minha esposa me dominava. Ela sentia, como todos, medo dos inquisidores; mas, gananciosa, queria dinheiro, e pelo serviço que prestava ganhava muito bem. Tornamo-nos ricos e eu, muito infeliz. Desencarnei sentindo muito remorso e como dói esse sentimento! O Inferno com o fogo é com certeza preferível. Isabel desencarnou e logo reencarnou. Eu fiquei, resolvi fazer algo para combater esses abusos e estou fazendo.

– Você, Fernão, já pensou que esse algo que faz é uma maldade? – perguntou Frei Damião.

– Como? – Fernão respondeu indignado.

– Não devemos justificar nossos atos colocando a culpa em outros. Entendo que você obedeceu à Inquisição por medo. Era casado, tinha filhos, uma profissão, e se Isabel, sua esposa, o incentivou, você a atendeu porque quis. Todos nós temos o livre-arbítrio. Somente nós somos responsáveis pelos nossos erros.

– Ela me obrigou e sou eu que tenho culpa? Somente eu tenho de pagar? – Fernão perguntou olhando sério para Frei Damião.

– Cada um tem suas responsabilidades!

– Estou entendendo, o senhor está aqui para me pedir de novo que eu a abandone, não é?

– Que pondere – respondeu Frei Damião. – *Que analise os acontecimentos. Isabel não estudou, casou-se com você amando-o.*

O período em que viveram na Espanha foi muito complicado. Ela era muito católica e acreditava que o clero estava agindo corretamente. A riqueza foi bem-vinda, pensava nos filhos. Não quis prejudicá-lo. Incentivou-o, primeiro, porque pensava que você, trabalhando para o bem de Deus, agia como um de Seus servos. Segundo, achava-o muito sentimental, dominável, ou seja, que não tinha personalidade e ela tinha de decidir por você. Isabel não compreendeu que agia errado. Confiava na Igreja e não a questionava. Quando desencarnou teve medo de você e quis reencarnar logo.

– E aí está o Jean Marie, a antiga Isabel! – exclamou Fernão sorrindo irônico.

– Você tem influenciado...

Fernão o interrompeu:

– Respondo ao que me disse: o livre-arbítrio! Não sou responsável por aquilo que ele faz, como ela não foi em relação àquilo que fiz. O que me diz agora, Frei Damião?

– Você está errando!

– Pago com a mesma moeda!

– Pior! – respondeu o frei. – *Quando ela tentou influenciá-lo, estava encarnada, acreditava que agia para o seu bem e o da família, sentia medo justificável da Inquisição. Agora, você está desencarnado, e sabe bem o que está fazendo.*

– Não faço nada de mais – Fernão falou cínico.

– Vingança contra o quê, meu amigo? Contra o clero? Combatemos atitudes incorretas com bons atos. Você, agindo assim, piora a situação. Reclama de maldades de outros em vez de agir bondosamente. Agindo com imprudência só aumenta o saldo negativo que

essas ações provocam. Diz que não aceita o que alguns padres fizeram e, em vez de incentivá-los a acertos, os confunde mais. Você quer combater erros com críticas, tentando desmoralizá-los. E sabe por que não consegue? Porque a Igreja não são as pessoas, elas passam e a instituição fica e por quê? Porque pessoas bondosas fazem parte dela! Lembre-se sempre disso Fernão: é ensinando o certo que combatemos o erro. Não é apontando, criticando como você está fazendo, tentando desacreditá-los, combatendo uma idéia com outra tão errônea quanto a deles, mas sim mostrando que tudo deve ser feito com amor; exemplificando, no bem realizado, o erro se tornará acerto.

– *O senhor me critica muito* – lamentou Fernão.

– *Não é minha intenção* – respondeu Frei Damião olhando-o com carinho.

– *O senhor disse que Isabel me achava sem personalidade e, pelo visto, o senhor também acha. Quer me impor seu modo de pensar.*

– *Quero somente que analise seus atos. Tudo tem causas. Para todos os atos há reações* – falou Frei Damião.

– *Então me responda: por que o senhor foi torturado? Por que teve uma morte terrível? Por que não me conta o que lhe aconteceu? Sabendo dos fatos, saberei se foi merecido ou não.*

– *Optei por ser padre* – disse Frei Damião sem se alterar – *porque queria muito servir a Deus e ajudar o próximo. Gostava de orar, ler e meditar sobre o* Evangelho. *Tinha vocação e queria ser um bom sacerdote, e fui. Somente anos depois, no convento, questionei atitudes de alguns membros da Igreja. Por que matar em nome de Deus? O sexto mandamento não era para todos e em todas as situações? A explicação que recebi é que estavam evitando que almas fossem para o Inferno, forçando suas conversões, no entanto, isso não me convenceu. Também vi que muitos dos torturados e mortos nem eram hereges. Estava muito confuso quando conheci você, que me curou de uma dor de estômago, nos tornamos amigos. Resolvi, depois de muito meditar, enfrentar meus superiores, pelo menos alertá-los de que agiam de modo errôneo e não fui compreendido. Com os métodos deles, quiseram me fazer voltar à razão, fui preso e maltratado. A dor física não foi maior que a moral, a de estar sendo torturado pelos que podiam e deveriam suavizar dores. Resolvi seguir meus princípios de ser um bom sacerdote, então resisti e morri em paz. E aqui, do outro lado, na espiritualidade, vi que estava certo. A Inquisição foi, é um equívoco dos homens. Pedi para trabalhar ajudando os envolvidos nesse grande equívoco, obtive permissão, e aqui estou, tentando auxiliar as vítimas e carrascos.*

– Então, se você não fez nada de errado nessa existência, recebeu as dores da tortura e a morte indigna por reação a atos maldosos do passado? – perguntou Fernão com ironia.

– Poderia ser assim – respondeu Frei Damião tranqüilamente –, *mas não foi. Sofremos de fato por reações imprudentes. Tudo o que fazemos, atos bons ou não, nos pertence e um dia o retorno vem. Maldade é negativo que traz o negativo da dor. Porém, sofre-se também por outros motivos. Sofremos ao ver um ser amado sofrer. Padece-se por lutar por um ideal.*

– Já entendi, o senhor sofreu por não compactuar com os errados! – Fernão falou sorrindo.

– Foi mais ou menos isso. Optei por ser um bom sacerdote e para conseguir isso, sofri e cresci muito com essa experiência. Meu sofrimento foi uma lição preciosa. Afirmo com toda a certeza que, se não tivesse defendido meu ideal, compactuando com atitudes contrárias, sofreria muito mais. Não tinha nessa minha última encarnação débitos a serem pagos, ou seja, reações negativas. Sofri, sim, a tortura me causou dores alucinantes, mas foi somente no corpo físico. A crueldade que recebi não me tornou mau, não fez mal ao meu espírito. É isso que quero que entenda.

– É complicado! – exclamou Fernão, agora sério. – *Não consigo entender por que não quer desmascarar os sacerdotes.*

– Você confunde os sacerdotes com a Igreja. Ser cristão não é fazer atos puramente externos. Existem muitos sacerdotes bons mas você vê somente os que estão temporariamente usufruindo do poder religioso.

– Por que eles sobressaem mais? – Fernão quis saber.

– Na Terra, o mal ainda tem esse poder – respondeu Frei Damião. – *Aparece mais que o bem. A maldade escandaliza e nós ainda gostamos dos escândalos. Você sabe que muitos padres e freiras foram torturados e mortos? E a maioria era de boas pessoas.*

Os dois ficaram quietos por instantes e Fernão perguntou curioso:

– Por que o senhor me visita? Por que está tentando me ajudar sem que eu lhe peça ajuda? Agora que me contou o que lhe aconteceu, admiro-o mais, porém não entendo como pode perdoar e continuar amando, a ponto de auxiliar.

– Tento somente seguir os ensinamentos de Jesus. De fato, estou sempre com você, mas tenho estado com muitos outros. Tento fazer alguns perdoar, outros, pedir perdão e motivar muitos a ser bons religiosos.

– Tarefa difícil! – exclamou Fernão.

– É certo que escutamos a quem queremos, afinamo-nos com as idéias que nos convêm. A Igreja tem um poder que exerce atração em muitas pessoas. Por que, Fernão, você não consegue ver as atitudes boas? Por que esse negativismo para ver somente atos errados? Agindo assim, você é também um pólo negativo. Somente a luz ilumina. Uma treva a mais no meio de outras, tudo continua escuro. Experimente acender uma luz nas trevas para ver o que acontece.

– Existe mais algum motivo para o senhor me visitar? – perguntou Fernão. – *O senhor é a única pessoa que se interessa por mim. Meus filhos não se interessaram em saber de mim, meus pais estão reencarnados.*

– Por que me pergunta isso? – Frei Damião quis saber.

– Porque, como já vi e comprovei, a reencarnação existe e, quando nos vimos, tornamo-nos amigos; tive a sensação de que foi um reencontro. Não gosto quando o senhor me atrapalha nem quando tenta me converter, porém gosto do senhor. Será que esse carinho foi por alguma ligação de nosso passado?

– Em nossa encarnação anterior, estivemos juntos – respondeu Frei Damião. – *Morávamos na Espanha, na zona rural, num local isolado. Fui o seu pai. Éramos felizes, e muito católicos; eu orava sempre, reunia a família e orávamos. Quando havia missa na cidadezinha próxima, fazia questão de ir. Acalentei o sonho de*

ser sacerdote, não fui porque não tive condições. Éramos pobres e meu pai fez com que me casasse muito jovem. Senti-me frustrado por não ter sido um padre. Fui genitor de dez filhos e você foi um deles, era inteligente e desde pequeno queria ser médico; também não foi, mas sim lavrador como eu. Desencarnamos, tivemos o merecimento de ser socorridos e retornar pela reencarnação ao plano físico, tendo possibilidades de concretizar nossos sonhos. Fui um sacerdote e você, médico. No passado tivemos uma boa relação como pai e filho e, ao nos reencontrarmos, nos tornamos amigos. Eu continuo amando-o como pai.

– *É uma história!* – Fernão exclamou suspirando.

– *Só que verdadeira!* – afirmou o amigo sacerdote.

Aquietaram-se por momentos e Frei Damião perguntou:

– *Por que está preocupado?*

– *Não sabe?*

– *Está perdendo o controle da situação, não é? A chantagem é algo perigoso. Agora sou eu que não entendo você, Fernão! Por que está angustiado? Não deveria se importar com o grupo nem com Jean Marie, a Isabel do seu passado. Por que deveria se preocupar com eles?*

– *Não me preocupo com eles, mas com a nossa causa* – respondeu Fernão.

– *Será mesmo? Conte-me o que o preocupa de fato. Faz tempo que eles chantageiam. Surgiu algo novo nessas extorsões?*

– *Quando começaram a chantagear, achei a idéia boa* – respondeu Fernão. – *Como Jacques diz: eles não chantageiam pessoas honestas. Arruinados, eles não teriam como espalhar o ateísmo e combater os abusos do clero. Mas agora eles estão planejando extorquir o Conde das Trevas, é assim que os desencarnados chamam o conde Luigi. Tentei ir à casa desse conde, mas não consegui nem entrar no portão da propriedade, espíritos trevosos o protegem.*

– Esse homem – falou Frei Damião – *bem merece o título de Conde das Trevas. Não o conheço, mas ouvi comentários na Colônia onde moro; que ele é chefe de uma organização em que encarnados e desencarnados se unem para adorar o materialismo, que eles dizem ser o demônio. Todos os componentes desse grupo, vestidos do corpo físico ou não, são espíritos adversários do bem. E seres assim são cruéis, a maioria sádica, e não têm nenhum escrúpulo.*

– Mas não são hipócritas! – manifestou Fernão. – *Seguem o mal e não escondem esse fato. Agem na maldade em nome do diabo.*

– Contenha sua mágoa, meu filho – pediu Frei Damião. – *Mal é mal, não importam as desculpas que dêem ao cometê-lo. Mas nisso você tem razão, eles são maus e se envaidecem desse fato.*

– Muito pior são aqueles que fazem crueldade em nome de Deus! – Fernão exclamou com raiva.

– Por que não pede a Jean Marie para não chantagear o conde? – falou o frei mudando de assunto.

– Já fiz isso, ele somente adiou a ação para planejá-la melhor. Cirano teve uns encontros amorosos com um dos membros da seita e, atento, sem que ninguém percebesse, escutou conversas e ficou sabendo onde se reuniam e um pouco do que faziam. Embora não existam provas, esses dados deixarão, com certeza, o conde furioso. Tenho medo de que ao ser chantageado não fique passivo como os outros. Jean Marie não me atende, não está aceitando meu conselho desta vez.

– *Ele tem o seu livre-arbítrio* – falou Frei Damião. – *Se o atende nas suas idéias ateístas é por afinidade, todos do grupo as aceitam porque lhes convêm. Por ter sofrido quando desencarnado, Jean Marie reencarnou sentindo ainda muita mágoa da Igreja, em que tanto confiou e à qual pensou ter servido com lealdade. Ele agora não lembra do passado, de suas outras existências, mas o sentimento de revolta o acompanhou e isso o fez ser ateu. Concordo com você, esse espírito é genioso, de vontade firme e faz somente o que quer.*

– *O senhor poderia me aconselhar...* – pediu Fernão.

– *Venha comigo, deixe-os e...*

– *Esses conselhos não! Por favor!*

– *Você age igual a Jean Marie e não pode se queixar dele* – falou o antigo sacerdote. – *Quer somente receber conselhos que lhe sejam favoráveis. Quer escutar de mim o quê?*

– *Como faço para impedi-los de chantagear o Conde das Trevas?*

– *Tente influenciá-los, se esforce para que Jean Marie desista de todas as chantagens.*

– *O senhor me ajudaria?* – perguntou Fernão.

– *Como? Eles me repelem, se escutarem alguém, será você.*

– *Eles não me atendem, o único que consigo influenciar é Jean Marie. Pensava que ele era um boneco, que estivesse nas minhas mãos, mas vejo que não. O senhor tem razão, ele me ouve quando lhe convém. Frei, tenho pensado que todos aqui na Toca, inclusive eu, temos motivos para sermos ateus. Como gostaria de ter a certeza de que Deus existe! Quem é Deus para o senhor?*

O sacerdote tranqüilamente respondeu, explicando com serenidade:

– Deus é a inteligência suprema, causa primária de todas as coisas.[2] *Deus, meu filho, não é uma pessoa, é luz, é tudo, está em todos os lugares e dentro de nós. Antes de você procurar Deus exteriormente, deve procurá-Lo dentro de você, que O encontrará. Ninguém pode achar o Criador externo sem encontrá-Lo primeiro dentro de si. E depois que encontrarmos Deus em nós, O encontraremos em toda a parte, numa flor, numa árvore, no nosso próximo, até onde não parece existir. Deus está presente em nós, mas somos nós que às vezes não conseguimos senti-Lo. Em muitas pessoas, a impressão que tenho é a de que Deus está dentro delas mas guardado em uma rocha, em outras numa caixa de madeira, ou em vidros; e em algumas em cristais translúcidos.*

– Por que isso não é explicado a todos? Por que deixar mistérios que não se entendem? – Fernão quis saber.

– Está programado um grupo de espíritos reencarnar para organizar um estudo que explicará com simplicidade e clareza o que foi complicado pelos homens.

– Seria bom entender tudo o que me deixa confuso! – exclamou Fernão. – *Tenho a mesma dúvida de Joana, ela diz que não aceita a história de Adão e Eva. Afirma que é atéia por isso. O*

2. A resposta inicial que Frei Damião deu a Fernão está contida em *O Livro dos Espíritos*, de Allan Kardec, que foi escrito muitos anos depois. Os espíritos, indagados pelo codificador da Doutrina Espírita, deram essa resposta. Estudiosos no plano espiritual detinham esse conhecimento fazia muito tempo. A questão é a de número um, da Primeira Parte do Capítulo Primeiro. A indagação é: O que é Deus? (Nota do Autor Espiritual)

senhor hoje está dispondo de seu tempo para conversar comigo, me diga o que acha desse assunto.

– Deus nos criou para a evolução – elucidou o frei. *– A ciência nos prova que essa evolução fluiu por muitas formas corporais. Nas primeiras formas humanas, o homem estava num estado consciente, sem pecado, isto é, não tinha a noção do certo e do errado; quando passou para o estado consciente do pecado, despertou a inteligência e adquiriu a liberdade para distinguir entre o bem e o mal. Antes diziam que estavam no Éden. Adão e Eva representam uma raça, todos os homens que passaram por essa transformação.*

– É interessante e faz sentido! – exclamou Fernão. *– Frei Damião, me responda uma coisa que quero muito saber: acha certo os torturadores estarem sendo castigados? Eles sofrem muito naquele lugar ruim.*

– A palavra castigo vem do latim e significa "tornar casto". Seria então um sofrimento que extinguiria a culpa para ensinar a não errar mais. É admissível como correção e não por vingança. E se o castigado se corrigir, mudar, o castigo deve cessar. Os antigos torturadores que conhecemos usavam o castigo para impor poder, medo, para se vingar e receberam a reação, que durará até que se modifiquem para melhor. O sofrimento deles terminará, porque a dor ensina, e eles terão outras oportunidades.

– Será, frei, que eles serão ateus nas suas próximas encarnações?

– Espero que não – respondeu Frei Damião. *– Almejo que eles compreendam o que seja Deus, amando-O, como ensina o*

primeiro mandamento, e ao próximo, como nos recomendou Jesus. Fernão, hoje me sinto contente, pela primeira vez nesses anos conversamos por um tempo e sem ofensas.

– O senhor quer dizer: sem eu o ofender, porque nunca me ofendeu.

– Então, me expressei erroneamente, porque nunca me senti ofendido. Reflita, meu filho, sobre o que está fazendo para o grupo e para você.

– Esses atos são somente de minha responsabilidade! – afirmou Fernão convicto.

– Você disse bem, são sim. E esses fatos lhe serão cobrados no futuro, e por você mesmo.

– O senhor não tem muito que fazer? Já não demorou muito por aqui? Até logo!

Frei Damião sorriu tranqüilamente como era seu costume. Respondeu o cumprimento e Fernão não o viu mais. O frei amigo ficou por ali, estava contente por Fernão tê-lo escutado e orou por ele:

– Pai, ajude esse espírito a perdoar, a entender que todos nós, seus filhos, erramos nessas nossas múltiplas existências. Fernão O ama, mas não consegue ainda compreendê-Lo.

Suspirou e pensou: "*Como fazem mal aqueles que cometem atrocidades em nome de Deus. Jesus os advertiu quando afirmou: 'ai de vós, doutores da lei, que usurpastes a chave da ciência, e nem entrastes vós, nem deixastes entrar os que vinham para entrar'.*"[3].

3. Lucas, 11: 52. (N.A.E.)

E Fernão pensou: "*Vou me esforçar, tentar com que desistam de chantagear o conde Luigi. Não sei se consigo, sinto que não. Estou achando também que eles são ateus pelos seus motivos e não porque os incentivo. Achava que tinha influência sobre eles e sobre Jean Marie, é com tristeza que admito que não. Obedecem-me somente no que querem. Se não conseguir com que mudem de idéia, só me restará torcer para que dê certo mais essa chantagem*".

A PREMONIÇÃO[4]

Fernão pensou e decidiu:

"*Vou ver se consigo fazer com que Hugo me veja. Vou tomar a forma do pai dele e dar o meu recado!*"

Suspirou aliviado, achando que encontrara a solução. Espírito inteligente, Fernão, quando resolveu combater o clero, a Igreja, aprendeu como viver do melhor modo possível desencarnado e como usar certos truques para enganar. Jean Marie não conseguia vê-lo, não tinha vidência, mas Hugo, um dos moradores da casa, sim. Hugo era viúvo, tinha três filhos, admirava Jean Marie e numa festa em Paris ficaram conversando, trocaram opiniões. Convidado a visitar a Toca, gostou dela e ficou. Era gentil, educado, todos gostaram dele.

---

4. Pressentimento, uma vaga intuição de acontecimentos futuros. Querendo saber mais sobre o assunto leia *O Livro dos Médiuns*, de Allan Kardec, e *Mecanismo da mediunidade*, de André Luiz, psicografia de Francisco Cândido Xavier. (N.A.E.)

Financeiramente, recebia alguma renda e contribuía pouco pela sua hospedagem. Nunca fora religioso e não admitia que Deus tivesse forma, ainda mais de um homem velho. Ria e criticava as religiões. Dizia ser ateu, mas queria acreditar em algo que compreendesse e que não achasse inadmissível. Tinha visões, via mortos, espíritos, e, para explicá-las, dizia que eram imagens-pensamentos. Não gostava de falar dessas visões, com receio de ser tachado de louco ou, pior, de ser tomado por alguém possuído pelo demônio e que a Igreja precisasse exorcizar. Já tinha visto várias vezes seu pai, que estava desencarnado havia muitos anos. Às vezes, via Fernão pela casa, fingia não ver, mas Fernão sabia que era visto e por isso não se aproximava dele.

"*Tenho de lembrar como era o pai de Hugo*", pensou Fernão. "*Vi-o por duas vezes quando veio visitar o filho querendo alertá-lo, mas ele não conseguiu e eu espero ter êxito.*"

Depois de algumas tentativas, Fernão exclamou contente:

– *Agora estou parecido. Vou procurar Hugo!*

Fernão estava irreconhecível, mudara seu aspecto. Isso foi possível porque desencarnados, os que vivem na espiritualidade sem o corpo carnal, usam outro tipo de corpo, que pode ser modificado, o qual Allan Kardec denominou perispírito. Aquele que sabe, pode modificar seu aspecto e o de outros seres, desde que eles assim o permitam, ou porque queiram ou por se sentirem culpados de algo. Por isso, é recomendável aos médiuns videntes que confirmem essas visões pelos fluidos dos desencarnados. O aspecto pode ser modificado, mas não se consegue mudar as vibrações, essas irradiam o que somos, bons ou não.

Hugo estava na biblioteca, Fernão aproximou-se. E como previra, foi visto.

– Pai?! O que quer? – perguntou Hugo assustado olhando o espectro.

– *Acabe com a chantagem!* – respondeu Fernão.

Ele ia falar mais, porém Hugo deixou cair o livro que estava segurando e o barulho desconcentrou os dois. Hugo não o viu mais e saiu rápido da biblioteca, indo para a sala de estar onde parte do grupo estava conversando. Sentou e participou da conversa como se nada tivesse acontecido. Fernão afastou-se, mas resolveu tentar novamente. Quando Jean Marie saiu do quarto após sua sesta e reuniu-se a eles, Hugo lhe pediu:

– Ateu, podemos ir à biblioteca? Preciso falar com você.

Os dois levantaram-se, foram à biblioteca, fecharam a porta e Hugo disse:

– Meu amigo, tenho medo de enlouquecer...

– As visões novamente? – perguntou Jean Marie.

– Sim, vi meu pai – respondeu Hugo. – O que me intriga é que meu pai nunca esteve aqui para deixar sua imagem, que poderia ser refletida como tentam explicar alguns estudiosos. Não pode ser imagem-pensamento de alguém daqui, ninguém do grupo o conheceu. Não estava pensando nele, aliás, evito pensar em mortos. A Igreja acha que é o demônio que se passa pelas pessoas. Não acredito em demônio e nem em almas. Resta então a hipótese: estou doente!

– O que a imagem do seu pai queria desta vez? – Jean Marie quis saber. – Você acha que ele está querendo alguma coisa?

– Acho – respondeu Jean Marie. – Hugo, preste atenção no que vou lhe dizer: sempre que você acha que vê mortos, eles querem algo. Isso é sugestão de sua mente. Nada existe, então o que vê não é real, é imaginário.

– Você acredita nisso? Acha mesmo? – perguntou Hugo.

– Sim, tenho certeza. A imagem lhe fez algum pedido?

– Sim, que não chantageasse.

– Hugo, você está chantageando alguém? – indagou Jean Marie interessado.

– Meus filhos – respondeu Hugo – Tenho escrito a eles que estou passando por dificuldades financeiras e eles têm me dado dinheiro. É mentira, é chantagem! Tenho usado meu dinheiro e o deles nas orgias, roupas e viagens.

– Pelos princípios em que você foi criado, o que faz é errado, se adverte. E quem podia lhe corrigir? Seu pai, é claro. Por isso teve a visão, é sua mente que ainda não se desvinculou das imagens terríveis do pecado. É tudo simples!

– Mas parece ser tão real! – exclamou Hugo. – Não vou pedir mais dinheiro aos meus filhos. Todos trabalham, têm família e filhos. Há dois dias recebi uma carta da minha filha caçula me convidando a passar uns dias com ela. Acho que vou.

– Viaja quando? – perguntou Jean Marie.

– Amanhã, vou agora arrumar meus pertences, me despedirei de todos no jantar. Volto quando você regressar de Paris. Acho que vou visitar todos eles.

– Está bem, Hugo, mas não dê importância a essas visões, tudo é fruto de sua mente saudosa dos filhos.

– Obrigado, Ateu!

Hugo foi arrumar suas malas e Fernão ficou nervoso, seu plano não deu certo.

"*Que coisa!*", pensou ele. "*Nesta casa todos praticam alguma tramóia. Hugo entendeu errado o meu recado. Preciso encontrar outro jeito e alertá-los do perigo que correm.*"

Andou pela casa e viu Bárbara indo para o orfanato e resolveu ir junto.

"*Bárbara já comentou com os amigos que uma garota da instituição tem sonhos estranhos. Ela prevê o futuro. Quem sabe poderei usar essa menina para dar o meu recado?*", pensou.

O orfanato era pobre, a construção antiga, necessitando urgentemente de uma grande reforma. Ao verem Bárbara, as crianças gritaram contentes e alegres foram para uma sala para terem a aula. Dois desencarnados bons que ajudavam aquelas crianças órfãs barraram Fernão.

– *O senhor não pode entrar. O que quer aqui?*

– *Vou explicar* – respondeu Fernão. – *Não vim atrapalhar. Vocês gostam do pessoal da Toca, não é? Preciso de um favor de vocês para ajudá-los, ou tentar impedir que algo de ruim aconteça com eles.* – Como os dois espíritos estavam atentos, Fernão continuou a falar: – *Jean Marie e o grupo fazem chantagens. Sei que esse ato é errado, mas eles usam o dinheiro que obtêm com as chantagens para viver e também auxiliam o orfanato. O que interessa é que eles estão planejando chantagear uma pessoa muito perigosa e quero adverti-los. Será que vocês poderiam fazer com que a menina que tem sonhos premonitórios tenha um sonho em que pedisse ao grupo para não fazer essa extorsão?*

Os dois desencarnados ficaram olhando para Fernão, que ficou nervoso. Depois de um silêncio incômodo, um deles falou:

– *Você, amigo, está dizendo uma parte da verdade. Mas vamos ajudá-lo ou ajudar esse grupo de pessoas confusas. Eles são ateus, mas são os únicos que têm ajudado realmente nosso orfanato. Quando falta algo aqui, é na Toca que buscam e nunca receberam um não. Acho que podemos fazer o que nos pede. Volte à noite.*

Fernão, ansioso, retornou à Toca, e no horário marcado foi ao orfanato e os dois trabalhadores do bem desencarnados o esperavam. Entraram no orfanato, foram ao dormitório e um deles falou a Fernão:

– *Aqui está nossa garota. Vou chamá-la e você, com delicadeza, peça o que quer.*

Um dos espíritos a chamou, o espírito da menina afastou-se do corpo físico adormecido e o desencarnado que a chamou pediu:

– *Aqui está um amigo que quer lhe pedir algo, escute-o!*

Fernão sorriu e pediu:

– *Por favor, diga a Bárbara para falar com o senhor Jean Marie para não fazer a chantagem.*

A menina, em espírito, colocou as mãos no rosto, sobre os olhos, e exclamou assustada:

– *Vejo sangue! Muito sangue! Meu Deus!*

O espírito trabalhador do orfanato tentou acalmá-la. Como não conseguiu, levou seu espírito perto de seu corpo e a garotinha acordou assustada. Uma freira aproximou-se dela para acudi-la.

– O que foi, querida? Outro sonho? Está tudo bem. Fique calma!

– Irmã, sonhei com pessoas morrendo na Toca. Parece que eles farão algo que não poderia ser feito, que é perigoso. Vi sangue!

– Foi somente um sonho – disse a freira, tranqüilizando-a. – Se quiser, conte para a senhora Bárbara amanhã. Mas agora volte a dormir. Ficarei aqui com você.

Um dos espíritos puxou Fernão para fora do orfanato e ele perguntou apavorado:

– *O que aconteceu? Não fui eu! Juro que não! Vocês viram, eu somente lhe pedi educadamente como me recomendaram.*

– *Você não tem culpa. Essa garota tem sensibilidade, um dom premonitório. Você pediu uma coisa, ela se ligou na Toca e teve uma visão.*

– *Será verdade o que ela viu? Irá acontecer?* – perguntou Fernão nervoso.

– *Não sabemos* – respondeu um deles. – *Eu não vejo nada e nem sei como isso acontece com ela. Espero, amigo, que tudo se resolva. Agora vá e não volte mais.*

Fernão obedeceu. Hugo havia se despedido de todos no jantar e partiu no outro dia cedo.

Bárbara, após o almoço, voltou ao orfanato para mais uma aula e a garotinha foi contar o sonho para ela. Impressionada, Bárbara falou a todos quando se reuniram para o jantar:

– Essa garota tem sonhos premonitórios. Ela me contou que viu sangue, muito sangue na Toca. Disse para não fazermos nada que fosse perigoso, porque, se não, haveria sangue.

– Bárbara, querida, não se impressione, por favor! Não vamos acreditar numa garotinha órfã – falou Jean Marie.

Riram e o assunto foi esquecido.

Fernão ficou atento e quando Jean Marie foi escrever, fazer uma lista dos objetos que deveria levar na viagem, o desencarnado obsessor pegou com firmeza em sua mão, o influenciou com toda sua força mental e tentou escrever o que queria. E Jean Marie escreveu:

"O conde Luigi é perigoso, não o chantageie."

Mas Jean Marie não quis continuar escrevendo e sua vontade foi determinante. Parou, esfregou as mãos uma na outra e leu o que escreveu por umas três vezes e falou baixinho:

– Estranho! Por que escrevi isso? Deve ser meu subconsciente temendo chantagear. Será que estou sendo influenciado como Hugo? Será que o pecado ainda está na minha mente? Não vou pensar em chantagens agora, farei isso quando regressar da viagem. O conde não deve ser tão perigoso como falam. Se tudo for bem planejado, dará certo!

Jean Marie não quis mais pensar no assunto. Animado, organizou a viagem. As festas continuaram: encontros, jogos, saraus e muitas conversas, como sempre.

Na quinta-feira de manhãzinha, bateram na porta do quarto de Jean Marie, uma empregada entrou, seguida por Bárbara, que sempre levantava cedo, e por Filipe.

– Jean Marie, acorde! – Bárbara o sacudiu.

– O que aconteceu? – perguntou ele assustado.

– Algo que precisa saber – respondeu Bárbara.

Filipe começou a chorar. Jean Marie olhou para Filipe e viu que o amigo, o mais jovem do grupo, já tinha chorado muito. Sentou-se na cama, passou as mãos sobre o rosto, respirou fundo e pediu:

– Por favor, falem devagar. O que aconteceu?

– Estevão morreu! – exclamou Filipe.

– O quê?! – Jean Marie apavorou-se.

– Ateu, querido – disse Bárbara –, Filipe está desesperado, só repete isso. Calma, Filipe! Pare de chorar e diga calmamente o que sabe.

– Mamãe me acordou para contar que Estevão morreu num duelo. Um empregado dos pais dele veio nos informar. Mamãe é muito amiga da mãe dele. O empregado disse que Estevão foi flagrado com a esposa de um homem importante, que, por isso, o desafiou a um duelo e exigiu que fosse naquele momento. Duelaram, Estevão feriu o senhor, mas foi morto.

– Que horror! – exclamou Bárbara. – O sonho da garotinha se concretizou!

– Isso foi coincidência, Bárbara – falou Jean Marie. – Esse fato agora não deve preocupá-la mais. Estevão cometeu um ato indevido, foi ferido e deve ter sangrado. Por favor, esqueça essa garota e sua premonição. Por que será que Estevão não fugiu?

– Não deve ter conseguido – respondeu Filipe.

– Vou levantar e irei ao velório – decidiu Jean Marie. – Filipe, você sabe onde ele vai ser enterrado?

– Sei, no mausoléu da família, na cidade em que os pais dele residem.

– Terei de viajar! Bárbara, por favor, organize tudo, pois quero partir logo.

Foi tudo rapidamente organizado. Filipe retornou à sua casa, disse que ia ao enterro com a mãe. Jacó ia com Jean Marie, e decidiram que as mulheres não iriam para evitar comentários. Todos ficaram muito tristes.

Jean Marie e Jacó chegaram à tarde no velório. Estevão estava, como sempre, muito bonito, mas com uma expressão séria, que não combinava com seu jeito de estar sempre sorrindo. Os pais estavam sofrendo e a mãe chorava muito. Jean Marie ficou inconformado.

"Jovem, tão bonito e morto! Acabou! É muito triste ver acabar alguém a quem queremos tanto! Logo, esse corpo será esqueleto e depois pó, nada restará do Estevão. Isso é muito deprimente!"

Ficou sabendo por comentários que o marido ultrajado, desconfiado, voltou da viagem antes do previsto e flagrou a esposa com o jovem amante; poderia tê-lo matado naquele momento, porém o desafiou para um duelo e não quis esperar muito, foi marcado para uma hora depois. Estevão foi vigiado e não teve como escapar da luta, não queria matar nem morrer, mas feriu o adversário, que revidou e o matou. O marido ferido foi para sua casa, expulsou a adúltera que, pelo flagrante da traição, não tinha nenhum direito. E ninguém soube para onde ela foi.

Jean Marie aproximou-se da mãe de Estevão e disse com sinceridade:

– Sinto muito, senhora! Estevão hospedava-se sempre em minha casa, éramos amigos. Ele não me contou sobre essa aventura, no dia em que viajou deixou somente um bilhete avisando que viajaria. Se soubesse o que pretendia fazer, teria tentado impedi-lo.

– Sei disso – falou ela. – Estevão me escreveu um bilhete, foram poucas linhas. Ele o fez na hora em que se preparava para o duelo. Meu filho me pediu perdão por me dar essa preocupação e contou que você sempre foi amigo e que não tinha nada a ver com esse encontro. Que me amava e que, se ele morresse, era para não sofrer. Mas como não sofrer? Estevão era jovem, lindo e agora está morto.

– Seu filho tem objetos na minha casa. A senhora quer que os envie?

– Não – respondeu ela. – Faça deles o que quiser.

Jean Marie comoveu-se no velório. Não costumava chorar durante enterros, mas naquele foram muitas as vezes que lágrimas escorreram pelo seu rosto. Depois da cerimônia fúnebre, Jacó e ele retornaram à Toca, estavam abalados.

– A morte é estranha! Foi tudo muito triste! – exclamou Jean Marie.

– Tudo acabado! Realmente é deprimente! – concordou Jacó.

Na Toca, os dois repetiram tudo o que ficaram sabendo.

– Vamos ficar tristes hoje e amanhã – demarcou Caterine. – Depois, vida normal. Sempre foi assim, nascemos e morremos.

Concordaram. Os encontros naqueles dois dias foram cancelados. Jean Marie estava muito cansado, tentou dormir, mas não conseguiu desligar, deixar de pensar em Estevão morto, que o amigo acabara e que dele nada mais restava.

O RETORNO DE ESTEVÃO

Jean Marie acordou cedo no outro dia. Levantou e foi para a sala de refeições tomar seu desjejum. A empregada estranhou e perguntou:

– Aconteceu alguma coisa? Outra desgraça?

– Não, só acordei cedo, prepare o meu café.

Bárbara tomou o desjejum com ele.

– Ateu querido, todos sentimos a morte de Estevão, mas a vida continua para nós. Não fique triste!

– Você me pede o impossível! – exclamou Jean Marie abatido. – Entristeço só em pensar que não verei mais o Estevão. Ele era muito alegre! Estava sempre falando de suas Mimis. Vou ao quarto que ele ocupava para organizar seus pertences, a mãe dele não quer nada. Tem alguém dormindo no quarto que ele usava?

– Não, Estevão dividia o quarto com Cirano, que está viajando – respondeu Bárbara.

– Vou lá!

Bárbara o acompanhou. Estevão deixara poucas roupas, alguns livros e seu baú.

– Vou pegar as roupas melhores – falou Bárbara – e doá-las a Anatólio e Michel, com umas reformas ficarão ótimas neles. Quanto aos livros, vou colocá-los na biblioteca.

– Verifique primeiro se não há nada dentro deles – pediu Jean Marie.

Bárbara folheou-os, nada encontrou. Saíram e Jean Marie levou o baú de Estevão para seu quarto. Trancou a porta, pegou as chaves e abriu-o. Nele havia algumas jóias e cartas de suas Mimis.

"Essas missivas seriam alvo de chantagens", pensou Jean Marie. "Não me sinto à vontade para chantagear essas senhoras, mas vou guardar essas cartas, menos a da mãe de Filipe. Deixarei o baú de Estevão vazio."

Bateram na porta, ele a abriu, era Bárbara.

– Fiz tudo o que me pediu, Ateu. Devo fazer mais alguma coisa?

– Não, Bárbara. No baú de Estevão havia umas jóias que vou guardar. Você ainda lembra como se abre meu cofre?

– Claro que sim, mas nunca o abri – respondeu Bárbara.

– Eu sei, notaria se alguém mexesse nele.

– Por que confiou em mim? – quis saber. – Poderia ter mostrado a Jacó, são amigos de muitos anos, ele é confiável e fiel.

– Eu a escolhi e pronto – respondeu Jean Marie. – Numa necessidade, abra e pegue tudo. Nunca tem muito dinheiro, gastamos bastante. Há documentos e, quando não necessitarmos mais deles, devem ser destruídos. Agora vou fazer uma visita, volto para o almoço.

Jean Marie pegou um envelope e saiu, foi à cidade, na casa de Filipe, a mãe dele o recebeu.

– Filipe ainda está dormindo – explicou a senhora. – Quer que eu o acorde?

– Não – respondeu Jean Marie –, vim mesmo conversar com a senhora. A mãe de Estevão não quis os objetos dele que estavam em minha casa, fui organizá-los e encontrei isto, que lhe pertence.

– Mas ele me garantiu que tinha destruído essas cartas e bilhetes! – exclamou a senhora trêmula e pálida.

– Agora poderá fazê-lo! – falou Jean Marie.

– Obrigada!

Ela pegou o envelope, escondeu-o rapidamente num bolso da sua saia. A mãe de Filipe era casada pela segunda vez com um homem muito mais velho que ela. Fora uma das Mimis de Estevão.

– Vim também lhe pedir que não deixe Filipe freqüentar minha casa. Ele é jovem demais e nós vivemos na devassidão.

– Estranho seu pedido! Filipe o estima – disse ela.

– Eu também lhe quero bem – falou Jean Marie.

– Meu marido, o padrasto dele, não o tolera, meu filho é infeliz nesta casa.

– Por que a senhora não tenta afastá-lo daqui? Será que ele não pode viajar, passar uns tempos na casa de parentes? Filipe sentiu muito a morte de Estevão, os dois eram amigos. Agora já vou, não quero demorar.

– Agradeço-lhe novamente.

À tarde, Filipe foi à Toca e reclamou para os amigos:

– Minha mãe quer que eu vá passar uns tempos na casa do meu tio paterno. Não quero ir. Você não me hospedaria, Jean Marie? Por favor, quero vir para cá e ficar com as Mimis de Estevão.

Comentários, risos. Jean Marie falou sério:

– Filipe, você é muito jovem! Como vimos, Estevão não se deu bem com uma de suas Mimis. Esqueça isso! Maridos traídos são perigosos. Acho que sua mãe está certa, vá passar uns tempos com seu tio e depois volte. Aceito você aqui quando fizer vinte anos.

– Vinte anos? – falou Filipe indignado. – Ainda faltam dois anos para eu completar essa idade. Estevão veio para cá mais novo, com dezesseis anos. Por favor, Ateu, deixe-me ficar aqui.

– Não! – decidiu o proprietário da Toca. – Filipe, gosto de você e quero que lhe suceda o melhor. É bom, antes de escolher o que quer, que conheça outras formas de viver. Seus tios são boas pessoas, moram numa cidade litorânea, um lugar muito bonito, passe uns meses lá. Vamos combinar: seis meses, se não tiver gostado, volte e o hospedarei, mas esqueça as Mimis, é perigoso. Não quero outro assassinato.

– Você promete que, se eu voltar após seis meses, vai me deixar morar aqui? – perguntou Filipe.

– Sim, estamos combinados – falou Jean Marie.

– Já que é para ir, vou logo – disse Filipe. – Parto na semana que vem. Vocês irão a Paris e eu à casa do meu tio.

Quando Filipe saiu, Caterine comentou:

– Ateu, por que dispensou o garoto? Nosso grupo logo será somente de velhos se não aceitarmos jovens.

– Filipe ficará bem com o tio paterno – respondeu Jean Marie. – O padrasto não gosta dele e receio que ele queira ficar conosco para se ver livre da família. Isso não é certo. Quando voltar, se voltar, poderá ficar conosco.

– Disse bem – concordou Jacó –, se ele regressar, porque o tio dele tem duas filhas na idade de casar que são muito bonitas. Talvez Filipe se case e fique por lá.

– É melhor que ter Mimis e correr riscos – opinou Bárbara.

No outro dia, Anne acordou inquieta e contou aos amigos o sonho impressionante que teve com Estevão.

– Sonhei que escutei um barulho; levantei e encontrei Estevão na sala de jantar. Ele me olhou apavorado, estava com a mão direita no peito, parecia que queria estancar o sangue do ferimento. No sonho, eu gritei e acordei tremendo, suando, com o coração disparado. Foi horrível!

Ninguém comentou, parecia que a cena era real para todos. Jean Marie levantou-se e foi à biblioteca, sentindo-se observado, e olhando para sua direita viu Estevão, como Anne o descreveu. A visão durou segundos. Jean Marie estremeceu, tentou se acalmar e falou para si mesmo:

– As visões-pensamentos! As mesmas de Hugo. Não quero vê-las! Estevão morreu e acabou.

Foi reunir-se ao grupo e não comentou a visão.

Dias após a morte de Estevão, Fernão viu, da varanda, quando Estevão chegou à Toca. Estava perturbado, ferido, apavorado, sem compreender que seu corpo físico morrera, queria que os amigos o socorressem. Ao chegar à varanda, viu Fernão, achou que era um empregado, não o cumprimentou e entrou na casa. O desespero do recém-desencarnado foi maior ainda quando percebeu que os amigos não o viam. Estevão achou que eles fingiam não vê-lo, não queriam falar com ele e que não o socorreriam. Ele gritou desesperado até se cansar:

– *Desculpem-me! Não me punam! Por favor, me socorram! Sei que teria de fugir do duelo, mas não consegui, homens me vigiavam. Não se zanguem por eu ter viajado sem falar com vocês. Fui imprudente! Falem comigo! Respondam! Estou ferido, chamem o médico. Ajudem-me! Não me tratem desse modo. Sou eu, Estevão, o amigo de vocês. Não me castiguem! Ajudem-me!*

Nada. Ninguém o atendeu porque não o viam nem o escutavam. Estevão ficou na sala de jantar. Sobre a mesa havia restos de alimentos. Ele quis se alimentar e sentiu que o fez. O não entendimento, a ilusão de um desencarnado que não aceita a morte de seu corpo físico, é tão forte que ele continua tendo o reflexo das necessidades que tinha antes, inclusive dores. Estevão achava que só fora ferido e não entendia por que os amigos não o socorriam. Anne estava dormindo, seu espírito havia se afastado do corpo adormecido e andava pela casa.

Quando viu Estevão, apavorou-se, voltou rápido para o corpo e acordou. Todos tiveram a sensação de que o amigo estava ali, mas não entendiam o que se passava. Jean Marie era médium, vira-o por instantes e o repelira. Estevão estava sofrendo muito. Fernão quis ajudá-lo e, ao mesmo tempo, livrar o grupo de sua presença, mas não sabia o que fazer, então chamou Frei Damião, que veio atendê-lo.

– *O senhor, que é bondoso e tem o objetivo de pagar o mal com o bem, mas que usa uma estranha matemática, não quer nos ajudar?*

– *De fato, Fernão* – respondeu o frei –, *tenho mesmo o objetivo de fazer o bem. Mas minha matemática não é estranha, nem sabia que usava matemática na minha vida.*

– *Ora* – disse Fernão em tom irônico –, *não foi o senhor que me disse que pagar o mal com o mal aumenta ainda mais a maldade? Então é uma soma. Não falou também que ficar indiferente é uma crueldade recebida, ela continua, fica assim um saldo negativo? Que somente anulamos a maldade com o bem e, ao fazermos um ato bondoso, temos o positivo, e se fizermos mais ações edificantes o positivo se multiplica?*

– *Parece, Fernão, que tem pensado no que falei a você e que tirou de tudo o que disse uma boa conclusão. Mas por que me chamou?*

– *Quero que ajude Estevão. Será que poderia levá-lo para um local para ser medicado?*

– *Fernão* – explicou Frei Damião –, *todos nós ao desencarnarmos recebemos o que merecemos. Ajuda e socorro são para os que fizeram jus. Estevão acredita que ao morrer tudo se acaba, que nada mais existe e está muito confuso.*

– O senhor não pode fazer nada para auxiliá-lo?

– Por que não faz você? Se quer ajudá-lo, faça e não peça a outro o que você pode e deve fazer. É fácil deixar para outrem aquilo que nos cabe executar.

– Eu não sei como, se o soubesse, o faria – falou Fernão, na defensiva.

– Como não sabe?! É médico!

– Fui médico quando encarnado.

– Todos nós, quando queremos, podemos ajudar – afirmou o frei. *– Ainda mais Estevão, que acha que ainda está encarnado. Faça um curativo nele, converse com ele e, aos poucos, diga que estava errado, que nada acaba com a morte do corpo físico, que Deus existe, que ele deve orar, pedir por ajuda e...*

– Se não vai ajudar – disse Fernão –, *é melhor ir embora, não precisa aconselhar.*

Frei Damião desapareceu, Fernão entrou na casa e encontrou Estevão chorando, deitado num sofá.

– Estevão – falou Fernão –, *vim ajudá-lo.*

Estevão olhou para Fernão e perguntou:

– Quem é você?

– Sou médico. Deixe-me ver o seu ferimento.

Fernão, então, quis muito que sua maleta estivesse ali, consigo, a que usava quando estava encarnado e onde guardava materiais para curativos, remédios. Quando se deu conta, sem entender como, a maleta estava ao seu lado. Fernão a plasmara pela vontade. Ele abriu a maleta, colocou remédio num copo e deu a Estevão para beber.

– *Tome, Estevão!*

– *Meus amigos o chamaram? Eles entenderam que já haviam me castigado o bastante?*

Fernão não respondeu. Com presteza do bom médico que fora, fez um curativo no peito de Estevão e, acalmando-o, disse:

– *Meu amigo, existem muitas coisas que desconhecemos. Você foi muito ferido, deve dormir, descansar. Lembra-se de como foi ferido? Foi num duelo.*

– *Já não sinto dor!* – exclamou o recém-desencarnado. – *Parou de sangrar! Obrigado! Lembro sim, fui ferido no duelo. Desmaiei, acordei num local estranho, escuro e com cheiro ruim, de corpos podres. Quis vir para cá, acho que meus amigos me trouxeram, porque não me lembro como vim.*[5]

Então, Estevão dormiu e Fernão, fitando-o, comoveu-se.

"*Uma existência desperdiçada!*", pensou. "*E agora, que farei com ele? Onde acomodá-lo para que descanse? Não quero deixá-lo aqui no sofá.*"

Frei Damião, que ficara ali observando-os, se fez visível. A visão dos desencarnados que ainda não têm a compreensão do perdão, do amor a todos, é limitada para enxergar a matéria e outros iguais a eles. Diferem dos que almejam o bem.

5. Desencarnados se locomovem com rapidez, esse processo chama volitação. Eles aprendem a usufruí-la na espiritualidade. Entretanto, alguns espíritos o fazem sem saber, pela vontade forte. Estevão quis muito ir para a Toca, perto dos amigos e, sem saber como, conseguiu lá chegar. (N.A.E.)

Espíritos bondosos vêm a todos, mas só são vistos pelos outros quando querem.

– *Fernão* – chamou o frei –, *você está vendo esta escada? Subindo uns degraus, estará num quarto onde poderá acomodar Estevão.*

– *Nunca vi essa escada. Não faz parte da casa ou da construção* – falou Fernão admirado.

– *É uma construção paralela* – explicou o antigo sacerdote. – *Usamos desse recurso na espiritualidade para fazer nossos abrigos, cidades, locais onde nós desencarnados moramos.*

Fernão acompanhou-o, subiram uns degraus, Frei Damião abriu uma porta e entraram num quarto simples, contendo uma cama, uma mesa e duas cadeiras.

– *Parece ótimo!* – exclamou Fernão.

Quando ia agradecer, o frei já havia desaparecido. Fernão voltou à sala, pegou com cuidado Estevão e o levou para o leito, acomodando-o.

– *E agora, que faço?* – perguntou Fernão a si mesmo. – *Acho que devo cuidar dele, é o que vou fazer.*

Voltou à sala e viu que sua maleta continuava ali, pegou-a contente.

– *Não vou mais me separar desta maleta, vou levá-la ao quarto onde Estevão está e a deixarei em cima da mesa. Pensei que houvesse esquecido o que aprendera na medicina, mas vejo que não.*

O grupo estava preocupado com a viagem e, como ninguém mais pensava na chantagem, uma vez que Jean Marie decidira pensar nisso quando retornasse, Fernão também decidira aguardar os acontecimentos.

Estevão acordou se sentindo bem melhor. Fernão se apresentou, refez o curativo e conversaram.

"*Como será que conto a ele que morreu?*", pensou Fernão.

– *Você já pensou em morrer?* – acabou por perguntar.

– *Já* – respondeu Estevão. – *No duelo senti que ia morrer. Não queria duelar com ninguém e muito menos afrontar ou ofender. Estava com aquela Mimi por interesse, o marido não tinha nada que voltar antes do dia previsto nem se sentir ofendido daquele jeito. Feri-o, mas não tive intenção e, num descuido meu, fui atingido por sua espada. Nada mais antigo do que duelar com espada, mas foi ele quem escolheu as armas. Se tivéssemos usado pistolas, eu poderia tê-lo ferido no braço e pronto, tudo acabaria bem. Senti muita dor quando a lâmina me feriu o peito.*

– *O que você acha da morte?* – perguntou Fernão.

– *Ora, que acabamos.*

– *E se não fosse assim? Se continuássemos vivendo? E se apenas o corpo físico morresse e pudéssemos ter um outro parecido e, assim, continuássemos a viver? As outras pessoas, amigos e parentes não nos veriam nem nos ouviriam porque estaríamos vivos de maneira diferente.*

– *Será que isso é possível? Complicado demais. Você entende o que falou? Se o que disse for verdade é revolucionário. Estranho!*

– *Você sabe explicar o que seus amigos estão fazendo com você?* – perguntou Fernão.

Estevão ficou pensativo. E, por uns dias, Fernão cuidou dele com dedicação, entendeu que ainda amava muito sua antiga profissão, era prazeroso clinicar, sanar dores. Estevão às vezes chorava por sentir dores, por se sentir sozinho e abandonado. Numa manhã de sol, Fernão ajudou-o a se levantar, desceram as escadas.

– *Vou levá-lo ao jardim, é bom que tome sol* – explicou Fernão.

A casa estava silenciosa, a maioria de seus moradores havia viajado. Os dois viram Bárbara sentada num banco do jardim.

– *Bárbara! Veja! Estou me recuperando!* – gritou Estevão.

Bárbara não se mexeu nem olhou para ele.

– *Por que isso? O que aconteceu?* – perguntou Estevão a Fernão.

– *Você já pensou que ela pode não estar vendo você?*

– *Bárbara, minha amiga, por favor, fale comigo!* – rogou o recém-desencarnado.

Estevão aproximou-se dela, quis pegar seu braço, não conseguiu, passou a mão na frente de seu rosto, ela continuou inerte, em silêncio.

– *Ela realmente não está me vendo! Que situação! Por que será?* – Estevão perguntou, amedrontado, e começou a chorar.

– *Você lembra do que eu lhe disse?* – indagou Fernão. – *Quando o corpo físico morre, o espírito pode usar outro corpo e achar que continua como era, mas, na verdade, está totalmente diferente!*

– *Você quer me dizer que no duelo eu morri? E que não acabei? Então é verdade que existem assombrações, almas penadas? Eu morri, amigo? Por que você me vê e fala comigo?*

– *Porque eu também morri, só que faz tempo.*

Estevão sentou-se em outro banco, longe da amiga e chorou alto, seu pranto era sofrido, amargurado.

– *Estávamos errados, então? Quem foi o infeliz que nos motivou a não acreditar em nada?* – gritou Estevão.

Fernão, pela primeira vez, sentindo o peso de seus atos, respondeu baixinho:

– *Nós acreditamos no que queremos, ninguém nos obriga a acreditar em nada.*

– *Deus então existe! Cadê Ele? Não vou vê-Lo?*

– *Isso eu não sei responder* – falou Fernão. – *Eu morri, não O vi e acho que ninguém O viu. A certeza que tenho é que não somos julgados por Deus quando morremos. Esse julgamento não existe, parece que somos nós que nos julgamos, inimigos também podem nos julgar ou castigar. Não tive desafetos e pelo jeito você também não. Já vi quem teve inimigos sofrer com as vinganças.* – Fernão lembrou-se dos sacerdotes inquisidores que padeciam muito no umbral e arrepiou-se. – *Bem, vamos deixar esse assunto para depois. Aqui, na espiritualidade dizem que Deus não tem forma, é luz, é o princípio de tudo e está dentro de nós.*

Estevão prestou atenção na explicação de Fernão, parou de chorar e perguntou receoso:

– *E agora, o que faço?*

– *O que quer fazer?* – indagou Fernão.

– Primeiro, quero me desculpar com Deus; segundo, não quero ficar assombrando ninguém. Quero ir para o lugar onde vão os mortos.

Estevão voltou a chorar e Fernão não sabia como atendê-lo, pensou em Frei Damião e ele se fez visível aos dois.

– Este é um amigo – Fernão o apresentou. *– Ele foi um bom sacerdote quando estava no corpo físico, acho que pode ajudá-lo.*

– O que quer? – perguntou Frei Damião a Estevão.

– Nem sei o que quero ou o que posso querer. Estou muito triste. Não desapareci com a morte, não quero ser um morto-vivo e tenho vergonha de pedir perdão a Deus e de orar. Sou um indigno!

– Não se julgue assim – falou o frei com carinho. *– Todos nós erramos, o importante é reconhecer o erro e ter um propósito de não errar mais. Ore sim, meu jovem, faça preces com fé, dizendo a Deus o que quer receber.*

– Será que Deus me ouvirá? – perguntou Estevão, esperançoso. *– Eu nem acreditava Nele!*

– Independente de você acreditar em Deus ou não, Ele existe! Um cego pode não acreditar no Sol por não vê-lo, mas sentirá o seu calor e o Sol continuará como sempre, independente de alguém crer que exista ou não. Deus não tem forma para que possa vê-Lo, mas está em toda parte e Ele como Pai-Misericordioso deixa sempre que um filho ajude a outro.

Emocionado, Estevão ajoelhou-se no chão e clamou com fervor:

– Ó Deus, perdoe-me! Ajude-me! Quero abrigo! Pensei que o Senhor não existisse. Perdoe-me!

Frei Damião abraçou-o, ajudou-o a se levantar. Fernão observava tudo, permaneceu quieto.

– *Vou levá-lo para uma morada de paz, onde permanecerá um tempo com outros desencarnados* – determinou o frei. – *Você também não quer ir, Fernão?*

– *Não!* – respondeu Fernão secamente.

Estevão despediu-se de Fernão, abraçou-o e agradeceu.

Frei Damião deu as mãos a Estevão, que as apertou e os dois volitaram, foram para uma Colônia onde o socorrido ficou abrigado. Fernão ficou triste com a despedida, tinha gostado de cuidar do jovem e aquele "obrigado" o incomodou. Ficou no jardim por umas duas horas.

"*Minha maleta, deixei-a no quarto. Vou ficar com aquele lugar para mim*", decidiu Fernão.

– *Aqui está sua maleta* – Frei Damião surgiu de repente na sua frente e lhe entregou a maleta. – *Também o informo de que não poderá ocupar aquele quarto, pois o desfiz, ele não existe mais.*

– *Por quê?*

– *Plasmei-o para uma finalidade, abrigar Estevão, como o motivo não existe mais, não tinha mais razão de existir.*

– *Estevão não sofreu muito, ateus acabam se dando bem* – ironizou Fernão.

– *A quem você, Fernão, quer enganar?* – indagou Frei Damião tranqüilamente. – *A si mesmo? Estevão desencarnou, ficou no corpo que apodrecia, seu avô paterno tentou desligá-lo da matéria morta, só conseguiu dias depois e o recém-desencarnado, por sua vontade forte, veio para cá. Aqui se sentiu rejeitado, sozinho e com muitas dores. Você quis ajudá-lo, ele aceitou o auxílio, compreendeu logo seu erro e quis se redimir. O socorro dependeu dele. E não pense você que por ser socorrido os problemas dele acabaram. Ele irá se recuperar, estudar e com certeza lamentará muito os erros que cometeu e por ter sido ateu. E as ações errôneas que fez terão de ser reparadas, se não, receberá as reações. Ele é inteligente e saberá que sua plantação foi fácil, mas a colheita não será. Embora num ambiente propício, Estevão com certeza ainda chorará muito. Desperdiçou uma encarnação, perdeu a oportunidade de aprender, cometeu atos indevidos.*

Frei Damião fez uma pausa e, como Fernão prestava atenção, voltou a falar:

– Estevão não foi má pessoa, foi um inconseqüente, ser ateu foi mais um rótulo e não algo realmente sentido. Não se iluda, amigo, ateus perturbam-se muito com a mudança de planos, porém são os atos que mais pesam. Você sabia que ele fazia caridade? Nosso jovem amigo dava alimentos e pagava o aluguel de uma casa onde moram seis mulheres idosas que haviam sido prostitutas, mulheres que ninguém queria ajudar, nem ter por perto. Também ia muito ao orfanato brincar com as crianças, jogava com elas e as auxiliava nas suas lições escolares. Não sabia? Está admirado? Pois ele fazia isso e as irmãs de caridade, as crianças e aquelas senhoras oram muito por ele. E receber orações fervorosas de gratidão é um bálsamo valioso.

Fernão levantou-se, pegou a maleta e saiu do jardim sem agradecer. Não quis pensar no que escutou do amigo bondoso e decidiu esquecer Estevão. Resolveu se juntar ao grupo.

CONVERSAS

A Toca parecia não ser a mesma, embora Caterine determinasse que ficariam tristes por apenas dois dias, o grupo continuou entristecido, mesmo com os saraus, jogos e encontros. Quando se reuniam, principalmente quando estavam somente eles, a conversa começava animada, mas depois falavam de si, de suas recordações. Naquela noite, depois de um encontro para jogarem cartas e os convidados terem saído, ficaram conversando.

– Gosto muito desses momentos, somente nós, de nossas conversas, são os melhores de minha vida! – exclamou Bárbara.

– Somos homogêneos em nossos ideais! Para mim, essas conversas também são agradáveis – concordou Jean Marie.

– Anne, você não tem saudades de seus filhos? – perguntou Joana vendo a amiga quieta com um olhar distante.

– Tenho sim – respondeu ela –, mas não quero vê-los, é melhor que continuem acreditando que estou morta. Como dizia minha avó: "cabeça que não pensa, o corpo é que padece". Errei e pago por esse erro. Não pensei nas conseqüências e me dei mal. – Como todos prestavam atenção, Anne continuou a falar: – Não amava meu esposo, mas gostava demais dos meus filhos. Casei obrigada, nossos pais decidiram por nós e o casamento foi marcado. Meu marido tentava ser agradável, mas nossa vida era uma rotina, não me queixava, meus filhos me entretinham. Foi quando conheci um parente do meu marido, um francês, que se hospedou por uns tempos em nossa casa. Apaixonamo-nos, eu pelo menos o amei. Meu esposo desconfiou, então resolvemos fugir. Não pensei nos meus filhos, somente em mim, achei que seria feliz. Fugimos, mas antes peguei as jóias e todo o dinheiro que tínhamos em casa. Viemos para a França. Ao chegarmos em território francês, meu amante já não era o mesmo, parecia arrependido e ficamos viajando. Passando por aqui, nos hospedamos, à noite, no hotel na cidade e, quando acordei no outro dia, não o vi mais, ele partiu e levou tudo, deixando-me somente com algumas roupas e um bilhete se despedindo e informando que a hospedaria estava paga por três dias. Fiquei desesperada, não sabia o que fazer. Para me alimentar e ter onde dormir me prostituí. Um dos meus amantes me trouxe numa festa na Toca, conheci vocês e, quando o Ateu me convidou para ficar aqui, foi uma alegria. Três anos depois de ter fugido, soube por um dos nossos convidados que meu ex-marido disse a todos que morri, que havia feito uma viagem para cuidar de uma parenta doente, que fiquei doente e faleci. Ele casou-se com uma boa moça; eles se amam e ela é boa madrasta para meus filhos.

– Você falou a esse nosso convidado quem você era? – perguntou Anatólio.

– Não, claro que não! Somente vocês, meus amigos, sabem de fato quem sou. Conversando com esse senhor que me deu notícias, fiquei sabendo que ele era de uma cidade próxima, escutei-o atenciosa e com jeitinho fiz com que me falasse o que queria saber.

– Você sabe do canalha que o traiu? – Joana quis saber.

– Sim, fiquei sabendo, ele voltou para a família, era casado e tinha filhos. Pensei em mandar matá-lo, mas não foi preciso: ele morreu treze meses depois, ficou doente, dizem que sofreu muito, mas faleceu ao lado da família. Ele teve coragem de voltar, eu não tenho. Abandonei meus filhos, eles devem ter sofrido, eram pequenos e agora eles devem ter me esquecido, não é justo que eu volte e os faça sofrer novamente e, pior, que sintam vergonha de mim. Depois, se eu voltar lá com certeza meu ex-marido me matará.

– Acho que você está certa, Anne – opinou Jean Marie. – Já que saiu da vida deles, é melhor que continuem pensando que morreu.

– Não tenho medo do castigo depois da morte – disse Anne – porque não há continuação de vida, mas existe o retorno. E existe mesmo! Fui irresponsável, traí, roubei e logo depois fui traída, roubada, fiquei sozinha e saudosa dos meus filhos que espontaneamente deixei. Meu amante também teve o retorno de seus atos errados, ficou doente, sofreu muito e nem aproveitou o dinheiro que roubou de mim.

– Não sei se isso acontece, se recebemos o retorno do que fazemos – opinou Caterine. – Comigo não aconteceu ou pelo menos ainda não vi o retorno de quem me prejudicou. Amava muito meu pai, era filha única e sofri muito quando ele morreu, tinha dez anos. Minha mãe logo se casou novamente. Meu padrasto, um sujeito horroroso, me estuprou quando tinha catorze anos e em vez de mamãe me defender, acusou-me de tê-lo seduzido e me expulsou de casa.

– Que horror! Você não pensou em se vingar? – perguntou Joana.

– Quando tudo aconteceu – respondeu Caterine – eu era inexperiente e sofri muito. Não tinha para onde ir, tentei arrumar emprego, mas não sabia fazer nada e acabei me prostituindo. Jovem, bonita, fui bem tratada, ganhei dinheiro e então pensei em castigá-los, mas, religiosa, preferi deixar que Deus o fizesse. Mas Deus não os castigou, já que não existe. Eles vivem bem, gastando o dinheiro que meu pai nos deixou. Quando conheci vocês, convidada a passar uns dias aqui, gostei muito da Toca e fui ficando. Amo vocês! Ter amigos é muito bom, é um tesouro precioso! Agora poderia me vingar, o monsenhor me faria isso facilmente, acho, porém, que não devo dedicar a eles nem um minuto do meu tempo, eles não merecem. Para que perder horas com aqueles dois? Prefiro cuidar de mim, de vocês e excluí-los por completo de minha vida e pensamento.

– O monsenhor faz realmente tudo por você. Caterine, você não se encabula ao pensar que ele lhe dá presentes com dinheiro da Igreja? – perguntou Jacó.

– Nem um pouco – respondeu Caterine. – Dinheiro é dinheiro, não importa a fonte. A Igreja é uma instituição como outra qualquer e o dinheiro não é de Deus. Se Deus existisse, tivesse criado todo o universo, seria o dono e não precisaria do nosso dinheiro. É um absurdo pensar que o Criador necessita de algo de suas criaturas. Dar dinheiro a Deus é o horror dos horrores, uma enganação. Mas dá quem quer e quem recebe faz o que quer.

– Será que para esse ato infame de enganar não existe o retorno? – perguntou Anne.

– Se Deus existisse, talvez houvesse retorno – respondeu Caterine.

– Pois eu acho que todos os que abusam – opinou Anne –, principalmente da boa vontade do próximo, um dia necessitarão de ajuda e não a encontrarão. Talvez as leis do universo também regulem os usos e abusos.

– O universo é fantástico, algo que impressiona. Se não foi Deus quem o fez, como será que apareceu tudo isso? – perguntou Jacó.

– O universo apareceu e pronto! – exclamou Jean Marie. – Um dia a ciência explicará com detalhes tudo o que queremos saber.

– A ciência explicará – repetiu Jacó –, mas se juntar todos os detalhes e acabar sem solução? Ou se desse estudo detalhado restar somente uma resposta: Deus?

– Diremos então: estávamos errados e Deus existe – disse Jean Marie rindo. – Mas com certeza não será esse Deus que os religiosos pregam, se essa divindade existir, deve ser diferente.

Alguém que possamos compreender pelo raciocínio lógico e não pela crença, sem explicações. Vamos mudar de assunto... e nossa viagem? Você, Emília, vai na frente?

– Vamos sim, Ateu – respondeu Emília. – Depois de amanhã, irei com Joana, Anne e Maurícia, organizaremos a casa e esperaremos por vocês.

– Iremos no final da semana – resolveu Jean Marie. – Jacó, você irá?

– Decidi ir – respondeu Jacó –, mas ficarei somente uns dias, vou verificar melhor o nosso assunto, quero obter algumas informações. Como Caterine vai ficar somente uns dias, voltarei com ela.

– Bárbara, você não quer ir mesmo? – perguntou Emília. – Ficará sozinha na Toca.

– Vou aproveitar para ajudar mais o orfanato, depois será por pouco tempo que desfrutarei da solidão, já que Victor e Francesca vêm passar uma semana aqui.

– Cuidado, Bárbara – aconselhou Jean Marie –, feche bem a casa e não atenda ninguém, vou pedir a Gerald e José para vigiarem a Toca.

Com tudo acertado, iam se recolher para o descanso, quando um empregado do barão veio dar uma notícia. Jean Marie viu o homem aflito, mandou que entrasse na sala e todos o escutaram:

– Vim avisar os senhores que a baronesa faleceu!

– Como? Por quê? – perguntou Joana admirada. – Ela é jovem e parecia tão saudável!

– Não sei ao certo, senhora, parece que foi o barão que a matou – respondeu o empregado.

– O quê?! – admiraram-se todos.

– Obrigado, bom homem – disse Jean Marie. – Já estamos avisados, receba esta gratificação. Aconselho a não comentar com os outros vizinhos o que nos contou, diga somente que a baronesa faleceu.

– Sim, senhor, farei o que me aconselha, contei aos senhores porque Michel sempre me paga por notícias. Recebi ordem para dizer que a baronesa morreu engasgada.

O empregado pegou rápido o dinheiro oferecido e saiu.

– O que será que aconteceu? – perguntou Caterine. – O barão e a baronesa viviam bem, os dois eram liberais, sabiam dos amantes um do outro. Victor não vai gostar, perdeu a amante e terá de arrumar outra. E agora, o que faremos?

– Homens! Esposos que se acham donos! – exclamou Maurícia.

– Maurícia, esquece o que aconteceu com você – aconselhou Joana.

– Quando penso que esqueci, algo acontece e a raiva vem à tona – falou Maurícia. – Não quero sentir mágoa, mas infelizmente ainda sinto. Que me adiantou ser muito certinha? Menina ainda, aprendi a cozinhar, bordar, fui educada para ser boa esposa. Era muito religiosa, não pecava, fazia tudo o que me era recomendado. Meu pai resolveu me casar, não gostei do noivo, mas aceitei por ser a vontade de Deus. Mais velho do que eu, viúvo, com filhos e lá fui para a casa do meu marido. Fiz de tudo na minha nova morada, fui empregada, babá e além de não me darem valor, me maltratavam. Apanhei dos enteados... uma vida difícil, e ainda continuava religiosa, aceitando tudo porque "Deus quis". Não tive filho, sou estéril, e novamente aceitei, meu marido arrumou outra, ia até perdoá-lo, mas fui trocada e expulsa do lar.

– Aí se rebelou! – interrompeu Joana. – Já cansamos de escutar sua história, Maurícia. Acho que se não tivesse sido tão boazinha, tivesse sido mais exigente, desse uns tabefes nos seus enteados e no marido, eles teriam lhe dado valor.

– Talvez você tenha razão – ponderou Maurícia. – Por ser certinha demais, fui chata, mas não queria pecar, ofender a Deus. Depois me revoltei de fato, porque achei que Deus teria de me premiar por ser devota. Não vou ao velório da baronesa nem ao enterro, com certeza meu ex-marido, que é amigo do barão, estará lá e não quero ver aquele velho ingrato!

– É por isso, Maurícia, que você é atéia? – perguntou Jacó.

– E você ainda fala: por isso? Não acha o suficiente? Acha certo alguém ser leal, fiel, devota e ser castigada? Somos amigos e aqui me sinto amada, vocês me ajudam e tenho a certeza de que me auxiliarão sempre. E Deus não era para ser melhor que nós? Se Ele é pior, então não existe!

– Você, meu amigo Ateu – opinou Hugo –, tem razão; se um dia provarem que Deus existe, isso tem de ser comprovado por explicações que possamos compreender.

– Gosto de conversar com vocês – disse Joana. – Também os amo e saber que posso contar com o grupo é tranqüilizador e vocês podem contar comigo.

– Você, Joana, fala pouco de si. Por que não nos conta sua história? – pediu Anatólio.

– Não tenho muito que contar – respondeu Joana. – Era pobre e invejava as moças ricas, namorei um jovem rico que me largou depois de termos sido amantes. Resolvi ser prostituta e saí de casa, vim aqui numa festa e fiquei.

– Vocês estão escutando? – perguntou Anatólio. – Parece que está chegando alguém. Quem será a esta hora? Vou ver quem é.

Anatólio saiu e voltou em seguida com uma carta na mão e informou:

– Era o empregado do monsenhor, veio trazer esta missiva, está endereçada a você, Jean Marie.

– Mas deve ser para mim! – exclamou Caterine.

Pegou a carta, abriu o envelope e comentou:

– Acho que é para você mesmo, Ateu. Leia, o monsenhor avisa que o bispo chegou de surpresa na cidade e o convida a ir visitá-los.

– Não está convidando, mas informando – falou Jean Marie. – O monsenhor nos alerta que o bispo chegou e que devemos ter cautela.

– Principalmente eu! – exclamou Caterine, preocupada.

Jean Marie releu a carta. Todos ficaram em silêncio esperando o que ele iria decidir, não demorou muito e o proprietário da casa determinou:

– Vocês, meninas, devem partir agora para Paris, chamem Michel e partam já. Parece que estava prevendo, organizei a viagem há dias. Vão todas, será uma boa desculpa para não irem ao velório da baronesa, direi que já haviam partido. O bispo não as conhecerá, é melhor que ele não veja Caterine. Para o bispo ter vindo de surpresa, ou desconfia de algo ou alguém o informou de alguns fatos que ocorrem na cidade. Até que foi bom para o monsenhor a baronesa ter falecido, desviará um pouco a atenção do bispo.

– Boa idéia, Ateu – concordou Jacó. – É a melhor solução. Vamos meninas, vocês têm duas horas para se arrumar. Vou chamar Michel para levá-las e José para aprontar a carruagem maior. Partindo agora, e com discrição, poderemos dizer a todos que viajaram à tarde e nem souberam das duas novidades, sobre a morte da baronesa e a chegada do bispo.

Foi uma correria, duas horas e trinta minutos depois, elas saíram. No outro dia, Jean Marie, Anatólio e Jacó foram ao velório. O corpo da baronesa estava sendo velado na capela do castelo em que morava. O barão não gostou de vê-los, mas se sentiu aliviado de as mulheres não terem ido. Os moradores da Toca eram amigos no prazer e não na dor. E, para todos, a baronesa morrera engasgada. Ninguém acreditou, porém não houve comentários, todos tinham a certeza de que aquela morte não seria investigada. Jean Marie, aproveitando que ficara por uns momentos a sós com o barão, comentou que o restante do grupo havia viajado e que ele também iria no dia seguinte.

– Obrigado, Jean Marie – disse o barão. – Como viajará amanhã, não precisa permanecer por muito tempo aqui, já cumpriu sua obrigação de vizinho. Estou sentindo muito o falecimento de minha esposa, não a amava, mas nos dávamos bem. Foi um acidente, por uma bobagem, ela se foi...

– Entendo e sinto muito – afirmou Jean Marie.

E ele entendeu, o casal discutiu e ele a matou sem ter intenção e compreendeu, sobretudo, que o barão não os queria ali. Chamou os amigos e já iam sair, quando viram o monsenhor chegar. Após os cumprimentos, Jean Marie o informou discretamente:

– As senhoras já viajaram e amanhã partiremos, não ficará ninguém na Toca. Espero que tudo dê certo, quando a visita se for, avise-nos e, se precisar de mim, de nós, disponha.

Voltaram à Toca.

– O barão realmente não quis assassinar a esposa – opinou Anatólio. – Com certeza discutiram, ele apertou seu pescoço, mas não esperava que acontecesse o óbito. Será que agora vai querer Francesca como esposa? Ele parece apaixonado por nossa amiga.

– Claro que não – respondeu Jacó. – Se o barão se casar de novo, será com uma mulher aparentemente honesta, de família tradicional, de preferência com título e solteira. Talvez com alguma moça que será obrigada pelo pai a se casar. Para amantes, todas servem, mas para esposas, somente algumas.

– Vamos partir hoje? – perguntou Jean Marie. – Viajar à noite é perigoso, mas agradável. Levaremos uma hora para nos arrumar.

Os dois concordaram, foi fácil arrumar tudo. Anatólio, preocupado com Bárbara, recomendou várias vezes:

– Não vá ao orfanato sozinha, peça ao José ou Gerald para acompanhá-la e não volte sem que algum deles vá buscá-la, se quiser, durma por lá. Feche a casa e não abra a porta para ninguém.

Bárbara sorriu concordando, partiram, e ela ficou sozinha. Fernão não quis acompanhá-los naquele momento, preferiu ficar.

PARIS

Os três dormiram a maior parte da viagem. Chegaram a Paris um dia depois delas. As garotas, que não os esperavam, se surpreenderam.

– Ainda não deu tempo de arrumarmos a casa. Por que vieram antes? – perguntou Emília.

– Achamos melhor virmos antes também – respondeu Jean Marie. – Não tem importância, Emília, que a casa não esteja arrumada, vamos organizá-la todos juntos.

E dois dias depois, receberam visitas e visitaram amigos; a programação social era intensa e sempre que eles iam a Paris ficavam encantados com as novidades. Saudosos das belezas daquela cidade, passearam pela metrópole e se inteiraram das fofocas.

Caterine estava mais discreta, Jean Marie chegou até a pensar que era por causa do monsenhor, mas descobriu que era por Michel, os dois pareciam muito enamorados.

– Caterine – disse Jean Marie –, quero lhe pedir para prestar atenção no que faz. Gosto de Michel, ele é um empregado fiel, jovem simples e a ama. Temo pelo que o monsenhor possa fazer se descobrir que não é amado e que é traído. Ele descontará sua ira em Michel. E você, poderá fazê-lo feliz? Ou melhor, será feliz com um amante sem posses financeiras?

– Tenho pensado muito nisso, Ateu – respondeu Caterine. – Nunca me interessei por nenhum homem como me interesso por Michel. Como sabe, fui apaixonada por você, mas não deu certo e achei então que não iria mais me apaixonar. Queria que o monsenhor enjoasse de mim e não me quisesse mais, tenho também medo que ele descubra e faça alguma maldade a nós, mas Michel não teme e até quer se casar comigo.

– Você é capaz de ser de um homem somente? – perguntou Jean Marie.

– Não sei, estou confusa. Vou esperar que o monsenhor me escreva para voltar à Toca, vou aguardar os acontecimentos, talvez ele desista de mim com medo do bispo. Ateu, você está sabendo do envolvimento amoroso de Emília? Parece ser sério, é um senhor distinto, ateu também e acho que irão se casar.

– Que será que está acontecendo? Nosso grupo está tendo perdas! – suspirou Jean Marie.

– É a vida, meu querido, uns vão e outros vêm – ironizou Caterine.

As festas foram um sucesso. Pessoas bonitas, bem vestidas, mas Jean Marie não estava entusiasmado como antes.

Cansava-se das conversas, irritava-se com as ironias e demonstrou cansaço nas duas festas em sua homenagem. Cobraram dele mais um livro, Jean Marie se desculpou por não tê-lo terminado, alegou falta de tempo, o fato era que não estava com vontade de terminá-lo, estava achando a história repetitiva e chata. Mas prometeu acabá-la logo.

Jantaram somente eles, e Joana perguntou preocupada:

– O que está acontecendo com você, Ateu? Está doente? Antes, nunca o vi assim desanimado. Não se entusiasma nem com o seu assunto preferido: o ateísmo.

– Não estou doente – afirmou ele. – Não sinto dor nem indisposição. Não sei explicar o que está me acontecendo. Sinto falta de algo, de alguém e não sei quem é.

– Será de Bárbara? Da Toca? Ou de Estevão, nosso amigo, que nos deixou tão recentemente? – perguntou Joana.

– Não sei, parece que não é de nenhum dos três.

Jean Marie não sabia, mas era de Fernão que ele sentia falta. O espírito obsessor não fora com eles, ficara na Toca cuidando de Estevão. Acostumado a trocarem energias, afastados, Jean Marie sentiu falta.

– Tenho escutado comentários sobre o duelo em que Estevão morreu – falou Jacó. – Dizem que foi um assassinato, já que o marido traído treinava muito com a espada, o esporte de que gosta. Outros comentam que ele até deu uma chance ao nosso amigo, pois poderia ter matado Estevão e a esposa no momento em que os pegou no seu quarto. Soube que o marido traído está se recuperando em sua casa e a ex-mulher foi para longe, porque nenhum parente a quis por perto. Fiquei sabendo de muitos outros escândalos e traições.

– Não sei por que tem de haver mortes por traições – opinou Joana. – O traído, ou a traída, deveria ignorar ou trair também. Nós devemos prestar mais atenção nos traídos inconformados.

– Devemos nos precaver – concordou Anatólio. – Tenho notado que alguns maridos ciumentos têm nos observado atentos. Ateu, também notei que você está triste. Posso fazer algo por você?

– Obrigado, não preciso de nada, como expliquei para Joana, não sei o que sinto. Estou inquieto, mas vou participar dos compromissos sociais programados e me esforçarei para me animar ou parecer entusiasmado.

Um empregado entregou uma carta a Jean Marie.

– É de Bárbara! – exclamou Jean Marie, abrindo-a: – Nossa amiga nos dá notícias. Tudo certo na Toca. Diz também que Victor e Francesca estão lá, que o barão não apareceu e que os dois vão antecipar a volta porque estão com medo do bispo. O superior religioso está pressionando e investigando o monsenhor, fazendo muitas perguntas a todos e os moradores da cidade se sentem inseguros. Diz também que é para Caterine não voltar. Manda abraços.

– Eu é que não volto enquanto o bispo estiver por lá! – afirmou Caterine.

– Não voltaremos, minha querida. Será melhor retornarmos depois que o bispo for embora – determinou Jean Marie.

– Eu voltarei antes – avisou Jacó.

– O que você está fazendo, Jacó? Está estranho. Investiga algo? – perguntou Anne.

– Sim – respondeu Jacó –, estou trabalhando para o nosso sustento. Jean Marie, estamos com pouca reserva financeira, estamos gastando muito. Nosso dinheiro será o suficiente para a festa de amanhã e para nos alimentarmos por uma semana.

– Fomos convidados a passar uns dias na residência do coronel, acho melhor aceitarmos – opinou Joana. – E todos nós vamos nos empenhar para obter algum recurso. Vamos aceitar mais convites.

– É isso mesmo – concordou Jean Marie. – Iremos aceitar mais convites do que fazê-los. Jacó, você tem obtido sucesso nas suas investigações?

– Não tanto como queria, preciso de mais dados. Não irei com vocês nos passeios e festas, vou sair sozinho e tentar me informar mais sobre o assunto.

Três dias depois, Jean Marie se animou. Fernão reuniu-se a eles e tratou de entusiasmar seu obsediado e ele voltou a conversar, como sempre, sobre o ateísmo. Cirano reuniu-se a ele, trouxe uma boa contribuição. E, como ficou resolvido, aceitaram todos os convites e recepcionaram menos. Jacó retornou à Toca, havia obtido as informações desejadas. Já passara o prazo planejado de regresso à Toca. Mas como o bispo continuava na cidade, adiaram a volta. Resolveram, então, passear pela cidade. Paris era muito bonita, populosa, suja, agitada e perigosa. Saíam durante o dia e à noite iam a festas e encontros. Como das outras vezes, todos os compromissos deram certo, foram bem recebidos, mas sentiam saudades da Toca. Em Paris, tinham de estar muito atentos, qualquer descuido seria fatal. Deslizes políticos ou em assuntos governamentais eram perigosos, mais do que as idéias ateístas. Jean Marie não gostava de política e mudava sempre com rapidez o tema da conversa para o de sua preferência, para o seu favorito.

Numa festa, Jean Marie conversou com uma senhora elegante que logo demonstrou ser inteligente e instruída.

– O senhor é ateu? – perguntou ela.

– Não, senhora Louise – respondeu Jean Marie –, não sou. Mas o assunto me interessa, gosto de saber opiniões diversas sobre todos os temas. A senhora é atéia?

– Não sei, queria provas – respondeu ela.

– Como? – perguntou Jean Marie sem entender o que ela quis dizer.

– É simples – explicou a senhora: – não posso responder se sou atéia ou não, porque não tenho provas. O ateísmo afirma que não existem provas de Deus, mas também não apresenta provas de que a divindade não existe. Queria que eles, os ateus e crentes, provassem suas convicções. Religiosos afirmam a existência do Criador e as opiniões divergem: para uns Ele é Pai; para outros um ser enérgico e vingativo; e para uns poucos, mais estudiosos, Ele não é um ser, é luz, o princípio de tudo. Afirmam que sentem Sua presença por intuição e tentam nos convencer mostrando tudo, os seres vivos e a natureza, como obras criadas por Ele. Os ateus dizem que tudo o que existe, até nós, apareceu por acaso, aconteceu a criação e o tempo foi aperfeiçoando-a. Teorias sem provas! Eu estou perdida entre essas teorias. O que o senhor, Jean Marie, acha disso?

– Acho que – respondeu ele, após pensar por segundos –, infelizmente, nenhum deles, crentes e ateus, provam, ou não conseguem provar suas teorias. Mas, a senhora não acha que se Deus existisse não era para Ele pôr ordem no que criou? Se Ele matasse todos os ateus e os maus, a Terra não seria uma beleza?

– Talvez a beleza esteja na diversidade – respondeu ela. – Bons e maus se misturam como os feios e bonitos. Os homens já tentaram fazer essa separação. A Inquisição assassinou, e ainda assassina, muitas pessoas e não adiantou nada. Matam pessoas e as idéias ficam. A divindade deve ser algo mais do que conseguimos compreender. Acho também que temos obrigação de procurar entender. Quem procura acha...

– A senhora está tentando entender? Está procurando? – Jean Marie perguntou interessado.

– É perigoso falar sobre isso, mas sinto que posso confiar no senhor. Tenho procurado, e a melhor explicação que obtive é a reencarnação. As diferenças que escandalizam o senhor podem ser explicadas por esse processo de voltarmos, em espírito, muitas vezes no corpo material. Então, somos o que construímos no passado, recebemos de volta o que fizermos de bom ou ruim. O senhor sabia que no Cristianismo antigo, primitivo, a reencarnação era algo tão certo que eles nem discutiam? Foi num concílio, e por motivos fúteis, que simplesmente aboliram a crença nessa volta do espírito a corpos físicos diferentes.

– E Deus não interferiu nessa decisão dos homens? – perguntou Jean Marie, com leve ironia.

– Os homens já pensaram muitas coisas, acharam outras tantas e com o passar dos anos mudaram de opinião muitas vezes. Acho que Deus não se importa com o que pensamos Dele, Ele simplesmente é. O Sol já foi muitas coisas, até Deus; e o astro amigo continua como sempre. É a Terra que gira em volta do Sol ou é o astro-luz que gira em volta da Terra? Acredita-se em muitas teorias e os dois indiferentes, Sol e Terra, continuam seus caminhos. Deus deve ser assim, não importa se acreditamos Nele ou não, tanto nós como Ele continuamos...

Jean Marie sentiu-se inquieto com aquele diálogo, teve de admitir que a senhora Louise era coerente. Ficou aliviado quando a senhora foi requisitada a ir a determinado local. Ele, porém, ficou intrigado com a conversa e teve de admitir que não possuía provas. Realmente os ateus não tinham como provar que Deus não existia. Poderiam, como gostavam de fazer, ridicularizar certas afirmativas feitas pelos homens sobre a divindade e que ninguém conseguia entender, mas, se aprofundassem, se pesquisassem outras fontes, principalmente as coerentes, podiam balançar opiniões. Decidiu não pensar sobre o assunto, estava bem com suas convicções, era maravilhoso não se achar pecador e não temer o castigo do Inferno.

Foi um alívio para todos quando receberam uma carta de Jacó informando que o bispo fora embora.

– Vamos partir – decidiu Jean Marie –, deixemos tudo pronto para irmos depois de amanhã. Como já tínhamos combinado, iremos à festa do senhor Josef amanhã à noite.

– Jean Marie – disse Emília –, não retorno com vocês. Meu pretendente me pediu em casamento e aceitei.

– Vão mesmo se casar? – perguntou Anatólio.

– Será como se fosse – respondeu Emília. – Vamos morar juntos. Vou alugar esta casa e irei morar na casa dele que é pequena, mas ideal para nós dois. Depois, mandarei alguém pegar o resto de minhas coisas que ficaram na Toca. Sinto por uma coisa: não poder hospedá-los novamente quando vierem a Paris. Necessitamos do aluguel desta propriedade para vivermos.

– Você tem certeza de que é isso o que quer, Emília? – perguntou Anne.

– Amo vocês, a Toca, mas já estou ficando velha, uns anos a mais e ninguém irá me querer para amante. E aí como irei viver? Da generosidade de vocês? Prefiro segurança. Não estamos apaixonados, mas somos sinceros um com o outro e com certeza teremos uma boa convivência.

– Na nossa próxima vinda a Paris teremos de nos hospedar em outro local, mas onde? – perguntou Joana.

– Deixemos para pensar nisso quando resolvermos voltar à cidade que achamos maravilhosa – falou Jean Marie sorrindo. – Um problema de cada vez e no seu tempo. Desejo a você,

Emília, tudo de bom, a Toca a receberá sempre, quando quiser nos ver, vá nos visitar.

– Escreverei sempre, porém não sei se irei vê-los, meu noivo é ciumento, me quer somente para ele – falou Emília.

– Terá dono agora, cuidado! – exclamou Maurícia.

Riram e foram preparar o regresso, fizeram umas visitas, escreveram cartas se despedindo, que só seriam entregues depois de terem partido.

A última festa foi como sempre divertida, alguns homens comentaram, preocupados, fatos assustadores sobre os governantes e o descontentamento dos governados. Jean Marie achou que era mesmo o momento de abandonar Paris e se refugiar no sossego da Toca.

Quando retornavam da festa, sofreram uma tentativa de assalto, as mulheres se assustaram, Jean Marie e Anatólio, que estavam armados, atiraram e os ladrões fugiram.

– Eis aí um bom motivo para irmos embora de Paris! Aqui está muito perigoso – exclamou Joana.

– É melhor irmos logo – concordou Anatólio. – Pelas conversas que ouvi, o certo é ficarmos longe do tumulto que poderá ocorrer.

– Não gosto de política – falou Jean Marie. – Para mim, para nós, tanto faz quem governa a França, mas tumultos nos prejudicam, ninguém gasta com divertimento quando teme haver uma revolução ou guerra. Somos plebeus, ninguém do grupo é nobre, por isso não somos aceitos na Corte, ainda bem, estar no meio dos governantes é como pisar em ovos, um descuido e se está morto ou encarcerado. Afirmo com certeza que somos mais felizes, na Corte existe muita hipocrisia, traição e, pior, corrupção. E nos divertimos mais do que eles, pois não precisamos nos esforçar para agradar. Vamos antecipar nossa partida, iremos assim que clarear o dia, temos algumas horas para acabar de arrumar tudo.

Ninguém dormiu, se organizaram, despediram-se de Emília e, logo que amanheceu, partiram para a Toca em duas carruagens. Caterine, Anatólio e Jean Marie foram juntos.

– Paris! Paris! – exclamou Jean Marie. – Até logo! Esta cidade é eterna, muitos já passaram e muitos outros passarão por ela, que continuará linda e forte. Adeus!

– Por que está se despedindo assim? – perguntou Caterine. – Você, Ateu, tem estado muito estranho. Está acontecendo alguma coisa, amigo? Será que não voltará a Paris porque não teremos mais a casa de Emília para nos hospedarmos?

– Hospedagem não será problema. Em Paris existem muitas hospedarias e podemos receber convites de amigos. Desta vez, acho que por termos demorado mais do que planejamos, queria regressar. Sinto falta da nossa Toca.

– Você, Ateu querido, achou nossa viagem proveitosa? – perguntou Caterine.

– Não tanto como das outras vezes – respondeu ele. – Os ateus são ainda muito poucos. Não sei por que, desta vez acho que não consegui mudar a opinião de ninguém.

– É muito boa a definição da palavra ateu – falou Caterine. – O termo é formado pelo prefixo grego "a", que significa ausência, e do radical "teu", derivado do grego *théos*, que significa "Deus". Resultado: sem Deus. Teísmo é a crença em algum Deus e ateísmo é a descrença.

– Ora viva! – exclamou Anatólio rindo. – Você aprendeu a lição direitinho.

– Claro que sim, para ser é preciso saber – respondeu Caterine, rindo também. – Quero escutar sua opinião, Anatólio, por que acha que não existem tantos ateus?

– Preconceito, talvez medo de rejeição – respondeu Anatólio. – Muitos confundem ateu com marginal, esquecem que há pessoa mau-caráter em todas as seitas e em todas as classes da sociedade. Acho que aquele que peca por descrença deveria ser mais desculpável do que aquele que crê e comete desatinos. E piores são os que deveriam ser exemplo, mas não são.

– Pensando assim você não está, da mesma forma, sendo preconceituoso? – indagou Caterine.

– Talvez – respondeu Anatólio. – Acho que acabei por pensar como Bárbara, que detesta os sacerdotes. Tenho observado as pessoas e concluí que muitas não gostam das religiões, não as seguem por não aceitá-las, mas não são ateus. E se encontrarem alguma religião ou alguém que as faça compreendê-la, tornam-se religiosos.

– O difícil é procurar, meu caro – opinou Caterine. – Porque a maioria gosta dos prazeres, de se embriagar nas orgias, e, para encontrar algo nesse sentido mais profundo, necessitarão procurar, estudar, dedicar e são raros os que querem abdicar da vida de prazeres.

– E quando a situação diverge, apelam – interrompeu Jean Marie. – Na ressaca, nas dificuldades, vão orar, rogar ajuda de um Deus, de cuja existência duvidavam. Vamos dormir? Estivemos acordados a noite toda. Estou com sono.

Os dois concordaram, se acomodaram e fizeram a maior parte da viagem dormindo.

INVERNO

Chegaram à Toca cansados, Bárbara os recebeu querendo contar todas as novidades.

– Bárbara querida, agora, por favor, nos fale somente as notícias mais importantes – pediu Jean Marie. – Com a propriedade, tudo bem?

– Gerald e José cuidaram de tudo muito bem – respondeu Bárbara. – Nossa despensa está no limite, quase vazia. É que ajudei o orfanato, eles não tinham o que comer, aquelas crianças têm passado frio, e o inverno com certeza será rigoroso! Por favor, Jean Marie querido, não brigue comigo, troquei uns barris de vinho por cobertores.

– O quê? – perguntou Joana. – E agora? O que beberemos no inverno? Jean Marie guardava aqueles barris para alguns encontros. Espero, Bárbara, que você não tenha dado os nossos cobertores.

– Isso eu não fiz! Desculpe-me, Jean Marie! – rogou Bárbara.

– Tudo bem Bárbara. Espero receber mais vinho. O que mais você fez?

– Eu nada – falou Bárbara. – Na Toca tudo está certo. Francesca e Victor ficaram aqui somente seis dias. O barão não apareceu e respondeu friamente ao bilhete de Francesca. Victor teve dois encontros somente com a mãe de Filipe. Os dois resolveram ir embora e disseram que voltariam na primavera. Tem feito muito frio e os dois acharam melhor ir para a casa deles. Hugo retornou revigorado da casa dos filhos, ele me disse que seus rebentos, principalmente uma das filhas, o fez alimentar-se bem e, como estava na casa deles, dormiu e acordou cedo, não foi em festas e nem tomou vinho, está com a aparência muito boa. Ele e Jacó foram à cidade, voltam logo.

– E o monsenhor, como está ele? – perguntou Caterine.

– Assim que o bispo partiu – respondeu Bárbara –, o monsenhor veio aqui, conversou conosco e pediu para Jacó escrever para vocês. Ele queria notícias suas. Jacó disse que você, Caterine, não regressou por medo, que estava quieta e triste em Paris. O monsenhor nos contou que teve dificuldades com o bispo, que seu superior investigou bastante, mas não achou prova nenhuma. Disse também que terá de tomar muito cuidado, porque ficou sabendo quem informou o bispo de certas irregularidades e que está preparando para eliminar essa pessoa do seu caminho.

– Será que vai matar essa pessoa? – perguntou Anne, assustada.

– Eliminar não quer dizer matar – respondeu Bárbara. – Espero que somente o afaste de seu caminho. Ele nos falou o nome e Jacó disse que essa pessoa é invejosa, má e que merece um corretivo, porque também contou ao bispo de nossas festas e que tudo indicava que éramos ateus.

– O monsenhor deve ter ficado muito pressionado e deve ter tido dias complicados – falou Jean Marie.

– Até emagreceu – informou Bárbara. – Ele afirmou que realmente não foi fácil essa visita, mas que achava que tudo tinha dado certo. Agora, meus amigos, vão descansar, chamarei vocês para o jantar.

– Espero que tenha comida – disse Joana.

– Para o jantar tem sim – afirmou Bárbara.

Foram descansar. No jantar, encontraram Jacó e Hugo e ficaram conversando até tarde, comentando as novidades. No outro dia, pela manhã, o monsenhor foi ver Caterine e lhe deu dinheiro, com o qual, somado ao que Hugo trouxera, compraram alimentos. À tarde, Jacó conversou com Jean Marie.

– Já escrevi a Jacques para vir o mais rápido possível, tenho um bom plano que nos tirará da escassez financeira. Quer saber qual?

– Confio em você, Jacó – falou Jean Marie. – Discutiremos os três, assim que Jacques chegar.

Reuniram-se na sala e Caterine contou:

– O monsenhor parece estar mais apaixonado ainda. Convenci-o a termos mais cuidado nos encontros. Ele me disse que o bispo não é muito inteligente, por isso não conseguiu achar irregularidades na contabilidade das finanças. Ele não se importa que o monsenhor tenha amantes, desde que seja com muita discrição, mas não é para gastar o dinheiro da Igreja. Falou-me também que todos sabem que o barão matou a esposa, mas ficaram quietos, e que o viúvo deu uma doação ao bispo e ao monsenhor, para engolirem a história do acidente. O barão está estranho, não quer sair de casa e está bebendo muito, queixou-se ao monsenhor em sigilo que está vendo a baronesa pela casa.

– Consciência pesada! – exclamou Anne. – Ou descobriu que a amava. Se existisse alma penada, se continuasse a viver depois da morte do corpo físico, a baronesa bem que podia assombrá-lo, seria merecido. Mas como isso não existe, o barão está ficando louco.

– E você, Hugo, como foi a sua viagem? – perguntou Jean Marie. – Descansou muito? Pronto para o trabalho?

– Foi muito agradável rever meus filhos e netos – respondeu Hugo. – Pronto para o trabalho? Claro que não, só quero descansar. Até Deus descansou! A *Bíblia* afirma que Deus criou o universo, luz, as estrelas, o Sol, a Terra etc. em seis dias e descansou no sétimo; como não criou mais nada, deve estar descansando até hoje. Não sei por que Ele não estalou os dedos e criou tudo de uma vez.

Riram e Jacó consertou:

– No Gênesis, livro do *Antigo Testamento*, escrito por Moisés, está de fato escrito dias, que Deus criou tudo em dias, ou foi assim traduzido, mas devem ser ciclos ou épocas.

– Defendendo Deus? Jacó você está defendendo a *Bíblia*? – perguntou Anatólio.

– Não defendo nada nem ninguém. Se Deus existe, não precisa de ninguém para defendê-Lo e, se não existe, não há razões para isso. Estou comentando o que penso.

– Você e Hugo têm pensado muitas coisas estranhas ultimamente – criticou Anne.

– Acho que é a convivência com meus filhos – defendeu-se Hugo. – Principalmente de minha filha caçula que é muito inteligente e procura entender aquilo em que acredita. Sabem o que ela me falou? Claro que não sabem – riu. – Conversando sobre ateísmo, ninguém da minha família sabe que sou ateu, não escondo por vergonha, faço isso porque eles tentariam me converter para não ir para o Inferno e me aborreceria com as discussões. Ela me disse que é muito triste ter a convicção de que acabamos ao morrer. E como explicar o porquê de estarmos aqui nesse mundo, neste país? Qual é o sentido da vida? Resolvi mudar de assunto, porque minha filha me deixou encabulado. Você sabe me responder, Ateu?

– Para que pensar nesses pormenores? – falou Jean Marie. – São perguntas vagas, pelas quais os teístas tentam combater os ateístas. Vamos mudar de assunto. Quero saber tudo o que aconteceu na cidade.

– Com o bispo aqui não houve escândalos, mas... – Bárbara informou-lhes o que sabia.

Depois de achar que contou tudo, Bárbara se despediu informando que ia ao orfanato e que não demoraria por estar muito frio.

– Realmente – comentou Joana –, o inverno está rigoroso e parece que vai piorar. Vamos ter pouco movimento na Toca.

– Eu gosto do inverno, só lamento a falta dos convidados – disse Anne. – Ninguém quer mais sair à noite.

E a conversa terminou animada.

Fernão escutava a conversa do grupo de amigos, quando viu Frei Damião. Não o vira mais desde o socorro a Estevão.

– *Como está, Fernão?* – cumprimentou o frei.

– *Muito bem, obrigado. Não quis me incomodar em Paris?*

– *Não quis ir lá, estive muito ocupado. Como foi sua estada na capital francesa?* – perguntou Frei Damião.

– *Não gosto muito de Paris* – respondeu Fernão. – *Aqui mando, não entra na Toca nenhum desencarnado que eu não queira. Lá é complicado, tenho de ser discreto. Sou somente mais um desencarnado em busca de prazeres.*

– *Você recebe muitos desencarnados aqui?* – perguntou o frei.

– *Os visitantes vêm sempre acompanhados de desencarnados afins e os recebo porque eles me pedem para entrar. Somente o senhor vem aqui sem ser convidado. Escutou o que Hugo falou? O que me diz de Deus ter descansado? Não acha estranho a divindade descansar?*

Fernão riu irônico e Frei Damião tranqüilamente respondeu:

– *Moisés escreveu isso há muito tempo e para pessoas que não tinham como compreender o que poderia ser um ciclo. O universo todo foi se formando, se aperfeiçoando com a supervisão do Criador. Deus é tudo, ainda não entendeu, Fernão? E os homens, por não entenderem isso, foram fazendo deduções conforme seus pontos de vista. Mas a realidade é uma somente, embora cada um a veja como consegue ver. Moisés disse que Deus descansou, para servir de exemplo, e o profeta criou uma lei social, que todos deveriam ter um dia na semana de descanso do trabalho para louvar ao Criador. Jesus afirmou que Deus trabalha sempre, Ele que sustenta todo o universo.*

– *É por esses fatos inadmissíveis, como Deus ter criado o universo em dias e ter descansado depois, que muitos passam a achar que Deus não existe* – falou Fernão.

– *Encarnados têm a desculpa da ilusão da matéria; desencarnados, depois de terem certeza da continuação da vida, não têm desculpa para a descrença* – falou Frei Damião.

– *Critica-me novamente!* – exclamou Fernão. – *Já lhe afirmei muitas vezes que minha descrença não é com Deus, é com o clero, e tudo o que eles pregam eu combato.*

– *E o que ganha com essa atitude?* – perguntou Frei Damião. – *Perde tempo...*

– *E por que devo pensar em ganhar tempo? O que farei com o tempo? O que lhe importa se o perco ou não?*

– *Talvez não devesse me importar, mas me importo. Gostaria de vê-lo cuidando de si mesmo e não se intrometendo na vida de outras pessoas.*

– *Eu me intrometo porque eles me aceitam. O senhor se preocupa comigo porque acha que sou um pecador, não é? Responda, por favor: Deus se ofende com o pecado? Dizem que Ele se ofende e muito. Tenho pena Dele, recebe muitas ofensas e a maioria bem grandes. Deus é mais ofendido que eu, devo ser então mais feliz que Ele. Ofendido, Ele se vinga? Castiga? Seu Deus irá me punir?*

Frei Damião o olhou com tal amor, que Fernão desfez o sorriso irônico e abaixou a cabeça. Então, tranqüilamente, como sempre, o ex-sacerdote esclareceu:

– *Deus não se ofende com os nossos erros. Vê os nossos desacertos como um pai amoroso que observa seus filhos pequenos fazendo algo indevido. Ele nos orienta diretamente colocando em cada um de nós o instinto, a consciência do que deve ser feito ou não. E quando um de nós faz algo perigoso, como uma maldade, sabe que o erro nos ferirá, pois machucamos e somos machucados. Pecar é desajustar, desarmonizar e é necessário ajustar e harmonizar. Ninguém irá puni-lo. Todo o erro traz em si o germe da pena. À causa segue um efeito. O único prejudicado pelo pecado é o pecador. Quem faz uma maldade é alvo direto, quem recebe, indireto. O maior mal que alguém pode fazer a si mesmo é tentar fazer o mal a outrem, seja a um semelhante ou a um ser inferior. E todo desequilíbrio tem o equilíbrio, voluntário, quando pela reparação, ou involuntário, como reação à dor. Você, Fernão, deveria pensar bem no que está fazendo.*

Sentindo que Fernão estava atento, o antigo sacerdote perguntou:

– *O que você me diz, meu amigo Fernão, da opinião da filha de Hugo? Qual o sentido da vida? E por que estamos aqui?*

– *Você não é o sabichão? Por que não explica?* – indagou Fernão em resposta. – *E se souber responder, gostaria também de ouvir sua opinião sobre se nós somos ou não a imagem e semelhança de Deus. Afinal, Deus se parece comigo ou com o senhor?* – Ele riu, passando as mãos sobre seus cabelos.

– *Por favor* – pediu Frei Damião, tão sério que fez seu protegido parar de rir. – *Não confunda semelhança com igualdade. Homens e mulheres são semelhantes e não iguais. Somos semelhantes a Deus em espírito, temos a imagem Dele refletida no íntimo do nosso espírito, Sua centelha de amor, o reino de Deus em nós. Quanto à filha de Hugo, disse que, se os ateus pensarem bem, sentiriam o medo do nada, porque o vazio amedronta. A maioria dos ateus é descrente porque não tem algo concreto para preencher o vazio e quando conseguem entender, tornam-se teístas.*

– *O senhor falou de modo muito vago. Acha que as pessoas se tornam atéias por falta de entendimento?* – perguntou Fernão interessado.

– *Sim, tenho certeza. Uma pessoa inteligente quer acreditar naquilo que consegue compreender pelo raciocínio lógico. Você não acha muito triste ter de se despedir de uma pessoa querida quando ela desencarna, e pensar que daquela a quem tanto amamos em vida nada restou a não ser lembranças, que simplesmente se acabou? O abismo do nada é desesperador. E piora ao se pensar na própria morte: vou morrer, acabar, meu corpo, que idolatrei, os vermes irão roer. E todos nós temos o instinto: que não acabamos. E nós, Fernão, estamos aqui para progredirmos, Deus nos criou simples e ignorantes, todos iguais e pelas reencarnações vamos adquirindo conhecimentos, uns mais, outros menos, porque temos nosso livre-arbítrio e o usamos para o bem ou para o mal. A evolução é uma lei da qual não se pode fugir, é contínua. Reencarnará quem acredita e aqueles que não acreditam na reencarnação. E o sentido da vida, o porquê de estarmos aqui, é esse contínuo progredir.*

Fernão ia perguntar algo, quando escutaram-se os gritos de Bárbara e barulho de confusão nos fundos do jardim.

– *O que será que aconteceu com Bárbara?* – perguntou Fernão. – *Ela saiu para ir ao orfanato. Vou para lá!*

O grupo todo correu para o local de onde vinham os gritos. José e Gerald seguravam um homem jovem e Bárbara, com as roupas rasgadas, gritava alucinada, Jean Marie quis aproximar-se dela, mas ela gritou mais ainda. Maurícia, então, abraçou-a e tentou acalmá-la.

– O que aconteceu? – perguntou Jean Marie.

– Gerald e eu escutamos os gritos da senhora Bárbara – explicou José. – Corremos para acudi-la. Esse homem estava atacando-a. O senhor ordenou para levá-la ao orfanato e buscá-la, mas fizemos isso apenas enquanto estavam fora. Hoje, ela nos dispensou dessa obrigação, dizendo que o senhor tinha voltado e que não precisávamos mais acompanhá-la.

– Calma, querida! – disse Maurícia. – Estamos aqui, nós a protegeremos.

Bárbara tremia, estava pálida, alucinada. Por segundos ficaram sem saber o que fazer. Os homens sabiam que não poderiam aproximar-se dela, que ainda gritava agarrada a Maurícia.

– Pára, Bárbara! Pára! – gritou Joana. – Somos nós, suas amigas! Está tudo bem! O perigo passou!

Bárbara parou de gritar, ficou inerte, com os olhos parados. Caterine, Joana, Anne e Maurícia rodearam-na.

– Castigue esse monstro, Jean Marie – pediu Joana. – Vamos entrar!

Elas arrastaram Bárbara, que gemia.

– O que faremos com esse homem? – perguntou José.

– Leve-o ao paiol e amarre-o. Iremos juntos! – respondeu Jean Marie.

José, Gerald e Anatólio levaram o homem, que estava assustado e com medo. Jacó, Hugo e Jean Marie seguiram atrás. Tiraram o casaco e a camisa do homem; amarraram-no com os braços para cima, suspenderam-no a alguns centímetros do chão. Esse castigo já fora aplicado outras vezes na Toca. A primeira vez foi a uma senhora fofoqueira que veio chantagear Jean Marie: ela queria dinheiro para não contar ao monsenhor as estranhas festas que aconteciam na Toca e também que, na sua opinião, o grupo era seguidor do diabo. Levou uma grande surra. Dois ladrões também foram castigados e um jovem que insistia em perseguir Caterine. José deu a Jean Marie uma faixa grossa de pano molhado e ele bateu nas costas do homem por três vezes.

– Perdão, senhor, perdão! Não fiz por mal – rogou o homem desesperado.

– Forçar alguém não é um mal? – perguntou Jean Marie.

– Sei que as senhoras têm encontros... – respondeu o homem.

– Encontros com quem querem, aqui ninguém é forçado.

– Não entendo por que ela gritou tanto – falou o homem.

– Deixe, Jean Marie, que eu bata nele – pediu Anatólio nervoso e indignado.

– Será castigado para aprender a não forçar uma mulher – disse Jean Marie.

Deu mais um golpe e depois deu a faixa para Anatólio e disse:

– Não vou entregá-lo às autoridades, mas receberá um castigo para nunca mais estuprar.

Olhou para Jacó, que entendeu que não deveria deixar Anatólio se exceder no castigo. Jean Marie saiu do paiol, foi para a sala de estar, sentou-se numa poltrona em frente a uma janela e ficou olhando o jardim.

"Não gosto desses castigos", pensou Jean Marie, "mas são necessários. Certas atitudes têm de ter respostas trágicas. Não podia deixar aquela senhora me chantagear, todos acharam que foi o certo, eu não tenho mais certeza. Ela até hoje sente dores, no inverno anda com muita dificuldade. Mas serviu de exemplo, ninguém mais se atreveu a nos chantagear. E se não castigo esse homem, muitos por aí poderiam tentar atacar as senhoras da Toca."

Fernão e Frei Damião acompanharam Jean Marie e ficaram com ele na sala.

– *São os sacerdotes os culpados!* – exclamou Fernão. – *São sim, se eles não tivessem feito o que fizeram com a Bárbara, ela não teria ficado traumatizada desse jeito.*

– *Infelizmente atos cruéis são cometidos* – falou Frei Damião. – *Todos nós que estamos caminhando para o progresso erramos e acertamos. Sabe muito bem que convivemos com pessoas boas e más e elas estão em toda parte. Os sacerdotes, os religiosos bons são em número bem maior dos que agem errado. Você não deve ser pessimista e ver somente os erros. Acusa como se você fosse isento de pecados. E depois, nós todos voltamos muitas vezes a um corpo físico e ninguém é inocente. E com certeza os estupradores de Bárbara pagarão por esse ato.*

A empregada serviu um café a Jean Marie e, minutos depois, ele viu o homem que fora castigado passar pelo jardim, esforçando-se para andar, e o mais rápido possível sair da propriedade. Joana reuniu-se a Jean Marie.

– Demos um banho em Bárbara, chás calmantes e a colocamos na cama. Maurícia faz companhia a ela, espero que durma. Esse homem foi atacar Bárbara! Não poderia ter sido uma outra? Eu, por exemplo? Acharia ruim, mas nada disso aconteceria, o moço até que é apresentável.

– Acho que ele estava vigiando-a – falou Jean Marie. – Sabia que ia ao orfanato, mas como José ou Gerald a acompanhava, não ousou se aproximar. Hoje, vendo-a sozinha, atacou-a. Com certeza achou que nós ainda não tínhamos voltado.

– Com licença, senhor! – era José que entrava na sala. – A senhora Bárbara ia levando uma cesta ao orfanato. O que faço com a cesta?

– O que Bárbara levava? – perguntou Joana.

– Alimentos – respondeu José.

– Levava alimentos? – perguntou, indignada. – Estamos com nossa despensa quase vazia e temos de guardar mantimentos para o resto do inverno. Nunca achei o inverno tão ruim como o deste ano. Que frio medonho! Se existisse alma, até ela estaria gelada! Jean Marie, Bárbara lhe pediu para levar alimentos?

– Pediu – respondeu o proprietário da Toca. – José, pegue a cesta e leve-a ao orfanato, diga às irmãs que Bárbara irá visitá-las amanhã. José, agora é uma ordem, a senhora Bárbara não deverá mais ir sozinha ao orfanato, mesmo se ela disser que não precisa, acompanhe-a. Vá ao orfanato logo, antes que escureça.

– Sim, senhor.

José foi cumprir a ordem e Joana quis saber:

– Bárbara não lhe pediu nada, não é? Ia levar os alimentos escondida.

– Ela sabe que não me importo. Como nos alimentar, sabendo que crianças estão com fome? É por isso que tenho a certeza de que Deus não existe!

Bárbara somente levantou da cama dois dias depois e ao se reunirem para o almoço, antes de a refeição ser servida, ela falou:

– Desculpe-me, Jean Marie, por mais esse vexame. Sei que não precisava de tamanho escândalo. Não me contive!

– Tudo bem, Bárbara, mas você não sairá mais sozinha.

– Faço tudo o que você ordenar. Quero agradecer a todos vocês. São amigos mesmo.

– Vou mandar matar umas ovelhas e você, Bárbara, pedirá para José levar peças de carnes ao orfanato – determinou o proprietário da Toca.

– Tomara que o tempo melhore! – exclamou Jacó, mudando de assunto. – Teremos escassez de alimentos. Que inverno! Não estamos recebendo visitas! Nem o monsenhor se atreve a visitar Caterine.

Não recebiam visitas e nem saíam de casa, passavam o tempo conversando, jogando e lendo. Aqueles dias de muito frio pareciam quietos demais. E Jean Marie estava triste, nunca se importava com o inverno, mas nesse ano estava muito rigoroso, isso o aborrecia, desejava muito que a primavera chegasse, que o jardim florisse novamente e que a casa se enchesse de convidados animados.

O ASSASSINATO

O tempo finalmente melhorou um pouco e Jacques chegou à Toca.

– Não vim antes porque estava difícil de viajar com esse inverno rigoroso. Estou muito cansado; se você, Jean Marie, permitir, irei me alimentar e dormir. Amanhã pela manhã, conversaremos.

– Fique à vontade, amanhã nos reuniremos – respondeu o proprietário da Toca.

No outro dia, depois do desjejum, os três, Jacó, Jean Marie e Jacques entraram na biblioteca e conversaram.

– Nós vamos chantagear o conde Luigi, tenho tudo planejado – informou Jacó.

Os dois, Jean Marie e Jacques, prestavam atenção às explicações de Jacó. Concordaram, o plano dele lhes pareceu perfeito.

– Concordo com tudo, seu plano está ótimo! – exclamou Jean Marie.

– Sendo assim, vou passar as cartas a limpo – falou Jacó contente.

– Você acha mesmo, Jacó, que o conde Luigi faz sacrifícios humanos? – perguntou Jean Marie.

– Acho, o grupo dele deve fazer esses sacrifícios pelo menos duas vezes no ano – respondeu Jacó. – É horrível! De forma velada, escreverei isso na primeira carta.

– Vamos repassar o que terei de fazer – pediu Jacques. – Vou para Paris amanhã e, no dia seguinte da minha chegada, enviarei a primeira carta ao conde, nela estará escrito que o chantagista sabe dos sacrifícios, dos encontros e que adoram o satã.

– Jacó, foi muito engenhoso você mencionar o local em que se reúnem e citar a pedra. Como soube disso? – curioso, Jean Marie quis saber.

– Cirano ficou sabendo onde eles se encontram, ele me contou e eu fui ao local. Lá, existem muitas pedras. Andei por ali como se passeasse, não quis procurar o local exato porque, com certeza, havia vigias. Tive a idéia de citar "pedra", porque com certeza se reúnem perto de uma.

– Enviarei a segunda carta pedindo dinheiro – continuou Jacques a falar memorizando o plano – e, para ficarem calados, cinco dias depois, mandarei o terceiro bilhete. Quatro dias depois, a última já vai marcar o local para a entrega do dinheiro. Pego o dinheiro e, depois de me certificar de que não estou sendo seguido, venho para cá.

– Jacques, você terá de ter cautela e muita esperteza – aconselhou Jacó. – Na quarta carta daremos a entender que somos muitos e que não é para nos seguir, porque, se desconfiarmos, entregaremos as provas à Igreja.

– Receberemos uma quantia grande de dinheiro. Qual vai ser minha porcentagem? – perguntou Jacques.

– A mesma – respondeu Jean Marie. – Reconheço que você correrá risco e deve receber como das outras vezes. Você, Jacques, será um homem rico. Iremos depois parar por um bom tempo com as chantagens. E você só voltará aqui quando o chamarmos.

– Combinado – falou Jacques, sorrindo. – Vamos almoçar? À tarde quero repassar os planos, vou estudá-los e, se tiver alguma dúvida, quero resolvê-la com vocês dois. Dormirei cedo, quero partir amanhã ao amanhecer.

– Jacques – recomendou Jacó –, não se esqueça de disfarçar quando for contratar os mensageiros para entregarem as cartas, eles não podem reconhecê-lo.

– Tenho quatro bons disfarces, um até é de mulher – falou Jacques. – Sei onde encontrar mensageiros de confiança, onde se paga mais caro, mas as missivas são realmente entregues.

Ouviram o sino que os chamava para o almoço. Reuniram-se e, como sempre, durante as refeições, conversaram muito.

Tudo acertado, Jacques partiu no outro dia, o restante do grupo não ficou sabendo da perigosa chantagem. Eles sabiam que faziam isso para sobreviver, mas não conheciam os detalhes. Jean Marie e Jacó achavam melhor que nem todos soubessem dessa prática, alguém poderia, sem querer, principalmente alguma das mulheres, dizer algo comprometedor a pessoas indevidas.

E os dias passaram-se lentos, já não fazia tanto frio e as visitas vinham à tarde. Jacó e Jean Marie estavam curiosos, ansiavam por saber de Jacques, mas, segundo o combinado, ele não daria notícias se tudo estivesse correndo conforme o planejado.

Naquela sexta-feira, logo que Jean Marie tomou seu desjejum, ele foi para a sala de estar e, como sempre nesse horário, o grupo se dispersava, as mulheres quase sempre ficavam nos quartos, organizavam o vestuário, resolviam problemas domésticos. Os homens aproveitavam para ler, responder cartas e, com o tempo bom, saíam para passeios, encontros ou iam à cidade. Eram horas de quietude na Toca.

– Senhor Jean Marie – anunciou uma empregada –, o senhor juiz Lachard veio visitá-lo, encaminhei-o à biblioteca.

– O juiz Lachard! Que surpresa boa! – Jean Marie levantou-se rápido e falou à empregada: – Vou recebê-lo, espere o meu sinal e vá à biblioteca receber ordens. Depois avise Jacó.

Encaminhou-se para a biblioteca contente, a porta estava aberta, entrou e viu um homem de costas como se olhasse um quadro. Jean Marie sentiu algo estranho, uma sensação de perigo, mas o saudou:

– Juiz, seja bem-vindo! Que maravilhosa surpresa! Não nos avisou de sua visita!

O homem virou-se rápido e com um golpe certeiro feriu Jean Marie no peito com um longo punhal. Estupefato, Jean Marie viu que o homem lhe era desconhecido e ouviu:

– Vim matá-lo! Achou que poderia enfrentar o Conde das Trevas? O Inferno lhe aguarda! Morra!

O assassino amparou Jean Marie e o colocou no chão, abriu a janela e saiu rápido sem se preocupar em ser visto. A visita tinha deixado seu cavalo na frente da casa, no jardim, montou no animal e saiu em disparada.

Jacó estava no quarto. Ouvindo o barulho do galope, saiu e ao ver a empregada na sala de refeições aguardando ser chamada, perguntou:

– Você sabe quem saiu em disparada?

Reuniram-se a ele Cirano e Hugo que também curiosos vieram saber quem havia saído em galope. A empregada respondeu:

– Não vi, mas deve ser algum servo do juiz.

– Que juiz? – perguntou Jacó preocupado.

– Um amigo do senhor Jean Marie – respondeu a mocinha. – O juiz Lachard está na Toca, a visita surpreendeu meu amo que o recebeu contente. Estou aguardando ele me chamar, também me ordenou para avisar o senhor da visita.

Jacó ficou branco, Cirano percebeu e perguntou:

– O que acontece, Jacó?

– O juiz Lachard está viajando, está no sul da Itália. Onde está Jean Marie? – perguntou Jacó à empregada.

– Na biblioteca.

Os três correram para lá. O vento frio entrava pela janela aberta e no chão estava Jean Marie caído, sangrando, com os olhos abertos, uma fisionomia de surpresa.

– Ai! – gritou Hugo. – Que horror! Ateu! Jean Marie!

Cirano agachou-se, colocou a mão no pescoço do amigo e exclamou baixinho:

– Está morto!

– Socorro! Acudam! Mataram o senhor Jean Marie!

A empregada curiosa veio atrás dos três, gritou histérica e em segundos todos na casa, tanto o grupo como os empregados, chegaram à biblioteca e ficaram olhando sem saber o que fazer. Embora sofrendo muito, Jacó compreendeu que tinha de fazer algo, falou e todos prestaram atenção.

– José e Gerald, reúnam os empregados para que eles tentem encontrar na propriedade o desconhecido, o assassino. As empregadas devem organizar a casa. Michel, vá à cidade e avise o senhor Moilè e o monsenhor. Você fica!

Jacó segurou no braço da empregada que recebeu a visita e ordenou:

– Não fale a ninguém o nome do juiz Lachard. O assassino usou o nome do juiz para entrar na casa. Entendeu? Não era o juiz e ninguém de seu mando. Foi um roubo. Veja essa gaveta! Está aberta! Aqui Jean Marie guardava dinheiro. Foi um roubo!

– Sim, senhor, entendi – falou a empregada e saiu.

– Jean Marie não guardava dinheiro nessa gaveta – disse Hugo.

– Eu sei – explicou Jacó. – Aqui estavam somente alguns papéis sem importância e eles foram levados. Prestem atenção, vou falar baixo. Parem de chorar e escutem. Quem assassinou ou mandou matar Jean Marie sabia o que estava fazendo. O Ateu recebeu, entusiasmado, a notícia da visita e não raciocinou. Sabíamos que o juiz Lachard estava na Itália. Além disso, ele nunca veio nos visitar sem avisar antes, sem ter certeza de ser recebido. É melhor que todos pensem que foi um assalto, que Jean Marie deu o dinheiro ao ladrão, reagiu e foi morto.

– Resposta à chantagem? – perguntou Cirano.

– Acho que sim – respondeu Jacó. – O Ateu está morto e é melhor parar por aí.

– O que vamos fazer agora? – perguntou Hugo.

– Aguardar – respondeu Jacó. – O senhor Moilè terá, como autoridade que é, de vir examinar tudo para depois prepararmos o corpo para o velório. Vou ordenar ao José para não tocar no nome do juiz.

As mulheres voltaram a chorar; Jacó procurou por José e Gerald e os encontrou no jardim. Ordenou que não mencionasse o nome do juiz e explicou o porquê:

– O assassino, ou ladrão, pois roubou muito dinheiro, usou o nome de um amigo para entrar na casa. Quem o recebeu?

– Fui eu – respondeu José. – Aquele homem me disse que era o juiz Lachard e, como eu não o conhecia, acreditei, informou-me que estava passando pela região com a família e veio na frente abraçar o senhor Jean Marie e perguntar se nosso amo poderia hospedá-lo; se a resposta fosse afirmativa, ele iria buscar a família que estava numa carruagem, quase chegando à cidade. Pensei que o juiz havia usado o cavalo de um dos seus empregados que o acompanhava. Fiz com que entrasse e pedi à empregada para conduzi-lo à biblioteca e deixei o cavalo no jardim. Vi quando ele saiu em disparada, achei que ia buscar a família.

– Você, José, pode dizer ao senhor Moilè exatamente o que me contou, só não diga quem era, diga que o homem falou que era um amigo – recomendou Jacó.

Jacó entrou na casa e chorou, sentia muito a morte do amigo. E aguardou o senhor Moilè para tomar as providências.

Jean Marie, ao ser atingido, quis gritar, mas a dor o sufocou, escutou o que o assassino disse. Ficou no chão, sentiu o sangue molhar suas roupas, seu gosto na boca, sentiu escorrer o líquido pelo queixo. A dor foi tanta que não conseguia respirar, sentiu perder as forças, escutou os amigos entrarem na biblioteca e Cirano afirmar: está morto! Ouviu os gritos da empregada. Foi uma sensação horrível, inesquecível. Parecia que a dor forte o impedia de respirar, mas respirava, não sentia o coração bater, mas batia. Era um horrível pesadelo, uma agonia confusa, via os amigos, mas não os acompanhava com os olhos. Não sabia o que estava acontecendo, não conseguia entender o que se passava e isso o desesperava. Tinha certeza de que não sonhava, porque não costumava se lembrar de seus sonhos e o que aconteceu era nítido. Lembrou-se de que tomou o desjejum, estava na sala, foi receber a visita, não era o juiz amigo, mas um desconhecido que o golpeou com o punhal, o qual ainda estava em seu peito e os amigos falavam que havia morrido.

"*Se morri, por que não acabei?*", perguntou a si mesmo desesperado.

O senhor Moilè chegou com o médico, o único da cidade, um senhor já idoso que examinou Jean Marie e constatou:

– O senhor Jean Marie está morto!

O senhor Moilè fez perguntas e concluiu:

– Um assassinato! Alguém entrou na casa, fingindo ser amigo – não é de se estranhar, esta casa recebe muitas pessoas –, roubou e matou o proprietário. Tenho a descrição do assassino e do cavalo, vou mandar os soldados atrás dele. Podem preparar o corpo para o velório.

– O senhor retira o punhal? – perguntou Cirano ao médico.

– Pode fazê-lo você – respondeu o médico. – Terei dificuldades, não tenho forças.

Hugo segurou o corpo de Jean Marie pelos ombros e Cirano puxou o punhal.

– Vou levar a arma do crime – informou o senhor Moilè.

O médico e o senhor Moilè saíram e Jacó resolveu tomar providências.

– Meninas, por favor, vão ao quarto de Jean Marie e tragam uma roupa, a melhor, para colocarmos nele. Michel, vá rápido chamar o senhor Lepper para preparar o corpo e depois vá ao cemitério e peça para que o túmulo dos pais dele seja preparado. Depois, avise todos os vizinhos formalmente, porque a notícia já deve ter se espalhado. Hugo e Cirano, fiquem aqui e ajudem o senhor Lepper, vou escrever cartas avisando amigos, acho que não virá ninguém, mas eles devem saber.

Jacó foi para seu quarto, escreveu para Francesca e Vitor, para Emília e a outros amigos.

Todos na Toca estavam muito abalados e tristes. O senhor Lepper chegou e começou seu trabalho ali mesmo na biblioteca, em cima do tapete que já estava sujo de sangue. Jean Marie, desesperado, continuava a não entender o que estava acontecendo. Todos falavam que ele falecera e, pelo que percebeu, deveria estar mesmo morto. Mas como não acabara? O senhor Lepper fechou seus olhos, mas ele continuou enxergando. As dores suavizaram-se depois que lhe tiraram o punhal do peito; limpo, sentiu certo alívio. Achava que não respirava, mas respirava.

"*Como queria saber o que acontece! Terei ficado louco de repente?*", pensou aflito.

Dormiu por alguns instantes e, ao acordar, a situação desesperadora continuava, viu o velório, ouviu comentários, conversas, choros e sentiu o sofrimento dos amigos. Uma agonia que não passava.

O grupo realmente sentiu muito o falecimento do amigo. O assassino não foi encontrado. Algumas pessoas viram um homem galopando, indo para uma estrada e, numa parte dela, arborizada dos dois lados, ele desapareceu. Os soldados encontraram o cavalo que o assassino usou, era roubado, os rastros indicavam que onde ele deixara o cavalo, pegara outro. Não tiveram mais pistas.

Os amigos e parentes que moravam longe não foram ao velório, mas muitos dos vizinhos e moradores da cidade compareceram ao velório e ao enterro.

E Jean Marie, confuso, sofrendo muito, ficou ali perto de seu cadáver, sentindo medo, vendo e escutando tudo.

Fernão andava pela casa tranqüilo, quando olhou Jean Marie levantar-se, tomar café e viu um vulto no jardim.

"*Quem será?*", pensou Fernão. "*Algum desencarnado intruso! Vou ver quem é.*"

Foi ao jardim e, sem entender o que acontecia, foi preso.

– *Fique aqui quieto! Depois cuidaremos de você!*

Fernão escutou alguém falar, mas a ordem não dava para ser desobedecida, ficou imobilizado, colocaram-no num canto do paiol. Ele apavorou-se.

"*Prenderam-me! Quem? Será que são os desencarnados amigos do Conde das Trevas? Será?!*"

Esforçou-se muito e não conseguiu mexer.

"*Frei Damião! Ele com certeza pode me ajudar!*"

E clamou com todo o seu esforço mental pelo ex-sacerdote. Desesperado, não conseguia calcular quanto tempo estava ali, talvez umas duas horas, quando sentiu mãos passar pelo seu rosto e ele conseguiu falar.

– *Frei Damião, me socorra! Por amor ao seu Deus! Ajude-me!*

– *Meu Deus e seu Deus!* – exclamou o frei.

Fernão se sentiu livre, passou as mãos pelo corpo e perguntou aflito:

– *Frei Damião, o que está acontecendo? Alguém me prendeu! Fiquei desesperado. Não usaram nada para me amarrar. Como me prenderam?*

– *Os companheiros desencarnados do conde chantageado vieram à Toca e ainda estão aqui. Eles o prenderam com a força mental* – respondeu Frei Damião.

– *Eles falaram que voltariam para me buscar* – disse Fernão com medo.

– *Eles estão cumprindo o que falaram, estão voltando* – comunicou o frei. – Apavorado, Fernão se escondeu atrás do sacerdote amigo, segurou em suas vestes. Cinco desencarnados entraram no paiol, eram criaturas estranhas, muito feias. Olharam para o local onde tinham deixado Fernão preso, trocaram olhares e conversaram telepaticamente.

"*Ele saiu, fugiu, aqui tem algo estranho. Como tudo deu certo, vamos sair do paiol. Se o chefe ordenar, voltaremos e acharemos o fujão.*"

Saíram, Fernão suspirou aliviado e perguntou curioso:

– *Frei Damião, porque eles se comunicam sem falar? Por que eu escutei o que ele pensou? Por que são feios? Eles não nos viram?*

– *Esses desencarnados estão desarmonizados pela prática de atos cruéis. Você sabe que este corpo que usamos para viver no plano espiritual pode ser modificado. Você modificou o seu. Quando desencarnou estava muito diferente, eu também o fiz, quando mudei de plano estava paralítico e muito machucado. Eles apresentam-se feios porque gostam de apavorar, acham interessante que tenham medo deles. Sabem usar da telepatia para se comunicar, saber não depende de caráter, se são bons ou não, sabe aquele que estuda e procura aprender...*

– *Será que eles vão me procurar?* – Fernão, preocupado, quis saber e interrompeu o frei.

– *Ele afirmou que ia falar com o chefe. Talvez voltem* – respondeu Damião.

– *Ele pensou que algo deu certo. O que deu certo? O que eles vieram fazer aqui que conseguiram?*

– *De fato ele pensou* – continuou o antigo sacerdote elucidando. – *Sei ler pensamentos e quis que você também o fizesse naquele momento. Eles não conseguem me ver se eu não quiser, temos vibrações muito diferentes e, como você estava atrás de mim, não o viram, mas sentiram algo estranho: a minha vibração. Aconteceu algo na Toca, é melhor você me acompanhar, vamos ver o que foi.*

Fernão foi andando pertinho do seu protetor, ele estava inquieto, com medo, sabia muito bem o que poderia lhe acontecer se aqueles desencarnados o levassem, fariam dele escravo, ou seria torturado, poderia até ficar preso em algum local no umbral.

– *Fale-me o que está acontecendo* – pediu Fernão sentindo uma sensação estranha.

Escutaram gritos, choros e duas empregadas saíram da casa, encontraram com um empregado que fez a mesma pergunta a elas e uma respondeu:

– Mataram o senhor Jean Marie. Assassinaram o senhor Jean Marie!

– O quê? Como aconteceu? – perguntou o empregado.

– Ninguém sabe – respondeu a moça. – Um homem a cavalo chegou à Toca, identificou-se como amigo, José o levou para dentro da casa. Era um ladrão, matou nosso amo e roubou muito dinheiro.

Fernão olhou para Frei Damião, indagou-o com o olhar.

– *Você ainda não entendeu?* – perguntou o frei.

– *O Conde das Trevas!* – exclamou Fernão desolado. – *Os desencarnados me prenderam, alguém encarnado do grupo veio aqui e assassinou Jean Marie.*

Fernão entrou na casa, foi à biblioteca e viu Jean Marie caído. Constatou que realmente seu corpo físico estava morto e seu espírito continuava ligado ao corpo e que o proprietário da Toca estava confuso, desperto e atento a tudo. Fernão viu dois desencarnados, amigos do Conde das Trevas, aproximando-se do corpo de Jean Marie e quiseram desligá-lo para levá-lo em espírito. Mas o recém-desencarnado, apavorado, não quis sair do corpo físico e eles desistiram. Nenhum dos dois percebeu a presença de Fernão, que novamente se escondeu atrás do ex-sacerdote.

– *Vamos deixar que apodreça, depois voltaremos para pegá-lo* – determinou um dos espíritos.

Saíram e Fernão implorou:

– *Frei Damião, por favor vamos desligá-lo!*

– *Você sabe? Tem como socorrê-lo? Não entendo você, não o obsediava? Por que se preocupa com ele?*

– *Não quero que eles peguem Jean Marie* – respondeu Fernão. – *Eu não sei socorrê-lo, não tenho como enfrentar esse grupo. Tenho medo deles. Se não quer me ajudar, vou tentar desligar Jean Marie da matéria morta sozinho mesmo.*

Mas todas as tentativas feitas por Fernão não deram resultado. O espírito de Jean Marie não queria abandonar o corpo físico.

– *Por favor, Frei Damião, nos ajude!* – rogou Fernão.

– Há coisas que não tenho como fazer. No momento, não há como desligá-lo. Cada um tem a desencarnação que merece. Devo ir.

– Vai me deixar aqui sozinho? – perguntou Fernão, decepcionado.

– Por que devo ficar? Quantas vezes você me mandou embora e disse que eu não era benquisto aqui? Não era você que participava dos acontecimentos na Toca? Então, deve ficar! Tranqüilize-o! O grupo de desencarnados que teme não deve voltar à Toca por estes dias. Até logo!

Frei Damião volitou e Fernão ficou desesperado como os encarnados e chorou também.

"*Não queria*", pensou Fernão, "*que isso acontecesse. Agora com certeza o grupo se separará e com ele nossas idéias ateístas!*"

Fernão realmente não queria que tivesse acontecido aquela tragédia, que seu obsediado fosse assassinado. Não gostava de Jean Marie, a ex-Isabel, mas não queria que ele sofresse e nem que aqueles maldosos o pegassem. Inquieto, mas atento, ficou na Toca.

TRISTEZAS

O velório e o enterro transcorreram normalmente. Após a cerimônia o grupo voltou à Toca, todos estavam cansados e tristes. Jantaram em silêncio e depois se reuniram na sala de estar.

– Não podemos esquecer que o Ateu foi assassinado! – exclamou Cirano.

– Devemos ter cuidado – alertou Jacó –, talvez esses assassinos voltem aqui. Tomei algumas providências, ordenei a José e Gerald que recebam os convidados e as visitas no portão e somente deixem entrar quem eles conhecem.

– Jacó, você sabe o que o assassino levou? Foi dinheiro? – perguntou Anne.

– Naquela gaveta havia somente alguns papéis, cartas no rascunho. Fui eu que as escrevi, passei a limpo para Jacques levar.

– Alguém viu você colocando-as lá? – perguntou Cirano.

– Jean Marie sabia, acho que Jacques viu também. Temo que eles voltem aqui querendo mais papéis – respondeu Jacó.

– Acho que devemos ser cautelosos – falou Cirano –, mas não devemos ficar passivos diante desse acontecimento trágico. Jacques deve saber o que aconteceu, acho que ele tem muito a ver com o fato. Você não quer nos explicar, Jacó?

– Vocês sabem – Jacó falou compassadamente –, sempre souberam que para termos dinheiro para viver bem, e sem trabalhar, chantageávamos. Planejamos bem uma chantagem; Jacques, como a maioria das vezes, foi o intermediário, ele não nos deu notícias, não veio ao enterro e não sei o que aconteceu com ele. Creio que nosso amigo Ateu foi morto por causa dessa extorsão.

– Jacó, você acha que Jacques nos traiu? – perguntou Joana.

– Não sei – respondeu Jacó. – Quero acreditar que não fomos traídos.

– Já decidi, vou procurar Jacques – determinou Cirano.

– Vou com você – falou Michel.

Desde que voltara de Paris, Michel ficava mais dentro da casa. Tomava as refeições com os outros, entre eles era o namorado de Caterine, para os demais era apenas um empregado de confiança de Jean Marie, principalmente para o monsenhor.

– Partiremos amanhã cedo – decidiu Cirano. – Viajaremos a cavalo para sermos mais rápidos, iremos juntos até um determinado local, depois irei à casa da terceira mulher dele e Michel irá à residência da segunda. Procuraremos por Jacques, se eu o encontrar, vou exigir explicações. Michel e eu nos reencontraremos e, se nenhum de nós dois o tiver encontrado, iremos à casa da primeira família dele.

– Se provar que Jacques nos traiu, o que você, Cirano, vai fazer? – perguntou Hugo.

– Vou matá-lo – respondeu Cirano.

– Cuidado, Cirano – pediu Joana –, as autoridades vão querer saber por que, e você pode ser preso.

– Há muitos modos de eliminar alguém sem deixar pistas – falou Cirano. – Michel e eu usaremos nomes falsos. Levarei comigo um veneno, que não mata a pessoa de imediato, e o farei tomar. Jacó, por favor, nos diga: a quem chantageavam?

– Mesmo sendo chantageado, essa pessoa provou ser mais forte que nós. Por favor, vamos parar de incomodá-lo – pediu Jacó.

– Jacó tem razão – disse Maurícia. – O chantageado tem todo o direito de se defender. Nós mesmos já castigamos aquela mulher que queria nos extorquir. O culpado é quem nos traiu. Isso se houve mesmo traição.

– Cirano, por favor, não vá atrás de Jacques – rogou Jacó.

– Vou, está decidido – afirmou Cirano. – Mas fique tranqüilo, teremos muito cuidado.

Cansados, foram dormir e, no outro dia, Cirano e Michel viajaram para investigar. Jacó deu ordens aos empregados para trabalharem, fazerem as tarefas rotineiras. Jacó estava preocupado com o que ia acontecer com a propriedade. Jean Marie nunca mencionara se fizera ou não testamento, não pensava que iria morrer logo, não imaginava morrer saudável. A Toca seria herdada pelos seus familiares. Chamou Bárbara e pediu:

– Querida, vamos ao quarto de Jean Marie, abra o cofre dele para mim.

– Terei esse direito?

– Se ele a ensinou abri-lo e lhe pediu para fazer numa emergência, é este o momento.

Bárbara abriu e Jacó verificou tudo o que estava dentro.

– O que procura, Jacó? – Bárbara quis saber.

– Tinha esperança que Jean Marie pudesse ter feito um testamento. Nada! Aqui estão somente material de chantagem, pouco dinheiro e algumas jóias.

– Por que ele iria fazer um testamento? – perguntou Bárbara.

– Poderia ter deixado a Toca para um de nós, mas não o fez. Feche o cofre, Bárbara, depois decidiremos o que fazer com esses papéis. Vou à biblioteca, procurarei por lá.

– Jacó, hoje bem cedo recebi um mensageiro, Francesca e Vitor escreveram que infelizmente não puderam comparecer ao enterro, que sentem muito etc. O mensageiro está descansando, vou escrever a eles contando tudo.

– Faça isso, Bárbara. Eu irei verificar em todos os cantos desta casa e ver se acho algo que me interessa, vou reunir tudo o que era de Jean Marie.

O grupo estava sem saber o que fazer. Recebiam algumas visitas, eram de pessoas que não puderam ir ao velório, vieram dar as condolências. José e Gerald continuaram a fazer o que estavam acostumados e tudo na propriedade parecia continuar como sempre, mas tudo mudara, os empregados sentiam também a falta do patrão e temiam o que poderia acontecer com eles. As refeições não mais eram alegres e, quando se reuniam na sala de estar, não escondiam as preocupações.

– Cirano e Michel estão demorando – disse Caterine. – Até o monsenhor está preocupado com a minha situação e com o que acontecerá com a Toca.

– Jean Marie não deixou herdeiros, não tinha filhos, não era casado, seus bens ficarão para os irmãos e sobrinhos – disse Jacó. – Que ironia do destino! O Ateu não repartiu a propriedade com os irmãos quando seus pais morreram e agora a Toca vai ser deles. Acho, amigos, que teremos de nos separar.

– Isso é muito deprimente! O que iremos fazer? – perguntou Bárbara.

Tristes e inquietos, esperavam que acontecesse algo. Realmente eles sentiram muito a morte do amigo e Bárbara era a que mais sofria, não se alimentava nem dormia e chorava muito. Os amigos aconselharam-na a ir ao orfanato para se distrair, mas nem as crianças de que tanto gostava conseguiram entretê-la. E os dias foram passando.

Jean Marie não sabia mais o que fazer, não quis abandonar o corpo e nem cogitava essa possibilidade. O corpo lhe dava proteção contra seres estranhos e feios e também daquele senhor desagradável que queria pegá-lo de qualquer jeito.

Achava que sua situação não poderia piorar, mas piorou muito. Foi deixado no cemitério, no túmulo da sua família que era uma pequena capela. Ficou ali no escuro, sentindo frio, dores, sede e fome. Começou a sentir um odor horrível e, desesperado, entendeu que era do seu próprio corpo, que se decompunha, e passou a sentir os vermes a roê-lo.

Era o corpo de Jean Marie que estava sendo consumido pelos vermes. Apegado à matéria, porém, recusava-se, em espírito, a abandoná-la e sentia os efeitos da decomposição da carne.

Fernão também não sabia o que fazer. Ia da Toca ao túmulo sempre atento e temeroso de encontrar os desencarnados amigos do Conde das Trevas. Escutou a conversa do grupo sobre a possibilidade de Jacques tê-los traído e se indagou:

"*Será que Jacques os traiu?*"

Estava no túmulo e mais uma vez tentou separar Jean Marie da matéria morta. Não conseguiu. Teve vontade de chorar e o fez. Seu choro foi de medo, por ver o grupo sofrer, compreendeu tardiamente que gostava deles e, vendo Jean Marie sofrer de modo atroz, sentiu pena, não queria que ele sofresse daquele modo.

– *Fernão, está chorando?* – perguntou Frei Damião entrando na capelinha.

– *O senhor pergunta o que já sabe* – respondeu Fernão. – *Sofro também e estou preocupado, aqueles espíritos ficaram de voltar. Será que eles agora, aqui no cemitério, irão conseguir desligá-lo? Não quero que eles o levem, irão castigá-lo muito. Também não quero vê-lo assim, junto do corpo físico que apodrece.*

– *Você poderia deixá-los e partir...* – falou Frei Damião.

– *Sinto-me ligado a eles, depois poderei fugir de todos, menos de mim.*

– *Fernão, se ajude!*

– *Como faço isso?* – perguntou Fernão interessado.

– *Ajudando os outros* – respondeu o frei.

– *Será que consigo? Não sei ajudar.*

– *Se quiser, tentarei orientá-lo. Concentre-se, Fernão! Você está vendo estes feixes de luzes? São pensamentos de gratidão e orações. Os amigos de Jean Marie, embora sejam ateus e não orem, emitem pensamentos de carinho ao amigo e as orações são das irmãs e das crianças do orfanato. Usarei essas energias para cercar o túmulo e, enquanto faço isso, você ora.*

– *Eu, orar?* – perguntou Fernão admirado.

– *Não sabe?* – indagou o frei amigo.

– *Sei, mas não o faço há muito tempo.*

– *Por que não tenta? Faça preces, as que você decorou um dia, mas faça também as que tiver vontade.*

– *Não sou indigno?* – Fernão quis saber com sinceridade.

– *Quem não é? Mas Deus, Nosso Pai, não faz distinção entre seus filhos, Ele está em nós, mas às vezes não O sentimos.*

Fernão ficou olhando Frei Damião manipular aquelas energias luminosas e cercar o túmulo com elas. Ele tentou seguir a recomendação do frei, e orou:

– *Ave Maria, mãe de Jesus, vou rezar para a senhora, porque tenho vergonha de Deus. Proteja-nos, Mãezinha do Céu, não deixe aqueles espíritos nos levar. Quando a senhora encontrar com Deus, peça a Ele que nos perdoe. Santa Maria, nos proteja agora e na hora da morte e depois da morte.*

E misturou as orações, voltou a chorar e dessa vez o choro lhe deu um alívio que havia muito não sentia.

– *Pronto, acabei* – falou Frei Damião. – *Quando você, Fernão, quiser sair, deve fazer assim: pegue aqui, será como se a luz abrisse uma porta, passe e feche, para entrar faça o mesmo.*

– *Frei Damião, muito obrigado. Agradeço-lhe de coração.*

– *Por nada. Sei que o seu agradecimento é sincero. Agora fique calmo, estou sentindo que receberemos visita.*

– *São eles? Os amigos desencarnados do Conde?*

– *Sim* – respondeu tranqüilamente o ex-sacerdote.

Dois desencarnados aproximaram-se da pequena capela-túmulo e, quando iam entrar, trombaram na parede, no cerco de luz. Fernão segurou com força as vestes do amigo, como se quisesse segurá-lo ali e o frei continuou tranqüilo como sempre.

– *O que aconteceu?* – perguntou um deles passando a mão em sua testa.

– *Lacraram o túmulo* – respondeu o outro, que aparentava ser o chefe.

– *Como? Não estou vendo nada. Nós entramos em todos os lugares nas construções dos encarnados.*

– *Quando aqueles outros, os que são nossos adversários, os bonzinhos, querem fechar algum local, eles usam de alguma matéria que desconhecemos, e assim lacram o lugar.*

Então, Fernão entendeu o que Frei Damião fizera. Ele usou os fluidos, as energias benéficas da gratidão e das orações e isolou, como eles disseram, o túmulo e assim eles não conseguiram entrar.

"*Ainda bem*", pensou Fernão, "*que Jean Marie fez algumas ações boas.*"

– *Ainda bem mesmo* – disse Frei Damião, que tinha escutado os pensamentos de Fernão. – *As más ações não anulam as boas e Jean Marie fez boas ações, mas fez muito mais atos errados. Foi pelos seus bons atos que consegui ajudá-lo agora. Vamos escutar a conversa dos dois.*

– *E agora, o que vamos fazer?* – perguntou o outro.

– *Não precisamos ter pressa. Espero que esta parede protetora enfraqueça com o tempo. Ele está aí mesmo, apodrece no corpo.*

– *O que ele fez de tão grave para ter esse castigo?* – perguntou o outro.

– *Ele é, ou foi ateu. Quando encarnado era, agora que seu corpo físico morreu, não sei* – respondeu o chefe.

– *Ateu? É quem não acredita em Deus? Nós somos ateus?*

– *Claro que não! Raciocine: não é por não vermos Deus que Ele não existe. Sou um* antítheos.

– *O que é isso? Eu também sou isso?* – indagou o outro curioso.

– Antítheos *é aquele que odeia Deus. Sei da existência desse Senhor, porque não há como explicar tudo o que existe, mas não gosto de Suas Leis, então eu O odeio.*

– *Eu não O odeio, tenho é medo Dele. É um senhor muito mau, quando Ele me pegar, com certeza serei castigado.*

– Ora, você não é nada inteligente. Quando Ele pegá-lo! Oras! Deus vê tudo e sabe bem onde você está e o que faz. Ele nos dá a corda, que os estudiosos chamam de livre-arbítrio, e somos nós mesmos que nos enforcamos quando abusamos. Eu O odeio!

– Não tem medo Dele?

– Não quero ter, por isso O odeio. Se eu pudesse ser ateu, seria minha felicidade, o fim do meu tormento. Mas sou muito inteligente para ser ateu, não consigo negar a realidade: Deus existe. Mas não quero adorar essa realidade. Esse chantagista que aqui está apodrecendo no corpo era um iludido pelo seu ego, um tolo. Vamos embora, voltaremos daqui uns meses. Não há pressa.

Saíram e Fernão exclamou:

– Não esperava escutar o que escutei desses espíritos! Estou pasmo!

– Pasmo por quê? – perguntou Frei Damião. – *Aquele que tem conhecimentos os adquiriu pelo trabalho e pelo estudo. Você deparou com um desencarnado que tem conhecimentos. Ele é inteligente, compreendeu, para o tormento dele, que Deus existe, não aquele Criador que não conseguimos entender, não um Deus vingativo com qualidades e defeitos que temos. Ele disse ser um antiteus, que odeia, mas o ódio é muitas vezes um grande amor não compreendido e atraiçoado.*

– Ele ironizou o Ateu. Será que Jean Marie não poderá mudar a forma de pensar? – Fernão quis saber.

– Nenhum de nós, ao desencarnar – elucidou o frei –, *ao deixar o invólucro físico, se modifica de repente. Nossa crença ou descrença não é do corpo carnal, mas do espírito. E uma simples*

separação entre o corpo espiritual e o corpo material não pode produzir uma grande mudança em nós mesmos. Jean Marie está perturbado, sofrendo, porque não acabou como acreditava que aconteceria.

– O senhor não tem como prender aqueles dois ou acabar com o grupo dos amigos desencarnados do conde?

– Você, Fernão, não entendeu o que é livre-arbítrio? Escutamos aquele desencarnado se referir à nossa liberdade de ação, comparou-a com uma corda com a qual podemos fazer o que quiser e aquele que abusa recebe a conseqüência, se enforca com ela, ou seja, recebe o retorno. Você fez o que quis, eu também e Jean Marie agiu como achou melhor. E a reação é, será, conforme os atos feitos. Você acha que, se eu fizer o que sugere, estarei fazendo a esses desencarnados um mal ou um bem?

– Um mal? – perguntou Fernão indeciso.

– Se pudesse socorrê-los e encaminhá-los para ser orientados, estaria ajudando-os, faria bem. Mas não tenho como, um socorro assim envolveria uma equipe treinada, para fazer isso necessitaria de uma ordem superior. Veja esses desencarnados como frutos verdes que o sofrimento vai amadurecer e, aí, estarão prontos para o socorro. Mas prendê-los sem orientá-los ou ajudá-los iria revoltá-los ainda mais e não se combate um mal com outro, porque a maldade torna-se maior. Reflita sobre os seus atos. Se você quisesse combater os maus sacerdotes, deveria motivá-los a agir corretamente.

– Como o senhor fez? Morreu por isso!

– Sim, mataram meu corpo, mas não prejudicaram meu espírito. Você não gostava de Isabel, culpou-a, como se você não tivesse

feito nada de errado, responsabilizou-a, como se não tivesse vontade nem livre-arbítrio. Você a criticava, viu somente as faltas dela em vez de censurar a si mesmo. Temos falta de autocensura quando censuramos os outros. Devemos ser severos conosco e mais indulgentes com o próximo. Insatisfeito com você, com os seus atos, descontou nela, isso infelizmente acontece muito, descontamos quase sempre em alguém que podemos fazer de vítima. Quando não suportamos a nós mesmos, tudo nos é insuportável, intolerável. Resolveu se vingar. Vingou-se. E agora?

– *Estou infeliz!* – exclamou Fernão, suspirando tristemente.

– *Quando agimos, devemos calcular as reações aos nossos atos. Sua vingança trouxe conseqüências. O que vai fazer agora?* – perguntou o frei.

– *Vou ficar aqui, não sei como, mas vou tentar ajudá-lo. De fato, responsabilizei muito Isabel pelo meu sofrimento. Agora entendo que ninguém me obrigou, é bem mais fácil colocar a culpa nos outros do que assumir nossos erros. Quero ajudá-los e não consigo!*

– *Realmente não devemos responsabilizar alguém pelos nossos atos indevidos, mas devemos ter responsabilidades quando ajudamos os outros a errar. É difícil ficarmos bem, sabendo que fomos a causa do sofrimento de outrem* – elucidou o frei.

– *Vou me esforçar em ajudá-los. Jean Marie não me aceita, mas ficarei aqui fazendo companhia a ele. O senhor tem razão, se desejo ficar bem, tenho de ajudá-los a ficarem bem também, se quero ser feliz, tenho de fazer a felicidade deles.*

– *Ore, Fernão, volte a orar* – recomendou o sacerdote amigo. – *Virei visitá-lo.*

– *Obrigado, seguirei suas recomendações.*

E Jean Marie sofria muito.

DECISÕES

Cirano e Michel retornaram à noite, dezoito dias depois, e foram descansar. No dia seguinte, após o almoço, reuniram-se na sala de estar para conversar.

– Conte-nos, Cirano, como foi a viagem de vocês – pediu Joana.

– Demoramos porque procuramos muito por Jacques – explicou Cirano. – Não o encontramos e concluímos que ele foi assassinado também, pelo menos tudo leva a crer que ele está morto. Michel e eu tivemos de parar por dois dias numa cidade próxima a Paris porque os soldados estavam perseguindo um bando de revoltosos, em lutas na região, achamos melhor ficar numa hospedaria. Separamo-nos como o combinado, eu fui para um local e ele para outro. Ao chegar onde a terceira mulher de Jacques mora, perguntei por ele aos moradores e fiquei sabendo que ele viajava muito a trabalho, que a jovem esposa o traía e que ele havia morrido. As informações sobre sua morte foram contraditórias, uns diziam que ele morreu num assalto, outros num navio e que seu corpo foi jogado ao mar. Fui visitar a viúva, me anunciei com o nome de Jean Marie, pois sabia que ela não conhecia o Ateu. Ela me recebeu, de fato é jovem, muito bonita, vestia luto e, fingindo chorar, me contou tudo o que sabia. Disse que o marido trabalhava viajando e que havia falecido numa viagem feita recentemente. Que ela recebeu a informação por escrito do comandante de um navio. Como não foi possível trazer o corpo, jogaram-no ao mar. Educadamente, me serviu um licor. Pedi para ver a carta, ela pensou um pouco e certamente achou que não tinha por que não mostrá-la. Na carta, muito informal, o comandante de um navio informou que o senhor Jacques foi dormir indisposto e no outro dia o encontraram morto. Foi realizada uma cerimônia e jogaram seu corpo ao mar. A carta também informava que estava sendo entregue uma caixa. Perguntei a ela se recebeu a caixa e o que tinha dentro. Achei que não ia me responder, mas ela o fez. Disse que recebeu um pequeno baú contendo pertences pessoais do marido. Sentindo que a viúva não tinha mais nada para me dizer, despedi-me. Agora, Michel, conte ao grupo como foi sua visita.

– Cheguei à cidade e indaguei também – contou Michel –, mas os moradores desconfiados, talvez por eu não ter modo e jeito de um cavalheiro, não me deram muitas informações. Tive de dizer que Jacques me devia uma aposta e que viera cobrar. Somente três pessoas falaram comigo e suas respostas foram parecidas. Disseram que Jacques trabalhava viajando, isso todos nós já sabíamos, pois ele passava um tempo em cada uma de suas três casas, que era uma pessoa reservada, de poucos amigos, e que falecera recentemente numa de suas viagens, morrera num navio e seu corpo fora jogado ao mar. Fui fazer uma visita à esposa dele. Anunciei-me como empregado de Jean Marie. Essa viúva estava realmente sofrendo. Dei meus pêsames, disse que meu patrão, Jean Marie, estava preocupado e queria notícias de Jacques. Ela e os filhos me disseram que, numa de suas viagens de negócios, morrera num navio e fora jogado ao mar, porque não havia como trazer o cadáver. Pedi para ler a carta e, pelo que Cirano me contou, as missivas eram parecidas. Não precisei perguntar, ela me disse que recebeu a caixa com documentos e que Jacques preocupou-se com eles organizando as finanças. Convidou-me para jantar, não aceitei, agradeci e parti.

– Encontramo-nos onde havíamos combinado – continuou Cirano a esclarecer os amigos – e fomos à cidade onde sabíamos que morava a primeira família de Jacques. E foi grande a nossa surpresa. A família tinha se mudado havia uns três meses. Investigamos muito e ninguém soube nos informar para onde foram. Até que perguntamos a uma antiga empregada da família e ela nos disse somente que eles se mudaram para o litoral. Partiram sem deixar endereço. Muito estranho! Não soubemos nem do filho e nem das filhas dele. Evaporaram! Procuramos muito e não conseguimos nenhuma informação e, então, resolvemos voltar.

– Jacó, você acha que Jacques foi assassinado também? – perguntou Joana.

– Está parecendo – respondeu Jacó. – Mas uma coisa me intriga, por que informar as famílias? E a segunda esposa dele disse que Jacques deixou as finanças organizadas. Eis aí um grande mistério! Não devemos nos importar mais com Jacques, vamos esquecê-lo, temos muitos problemas.

Jacó calou-se, abaixou a cabeça e ficaram em silêncio por instantes.

"O que aconteceu não deve realmente nos importar", pensou Jacó. "É melhor que todos pensem que Jacques também morreu, investigar é perigoso. O melhor para todos nós é esquecer Jacques. Se ele nos traiu ou não, neste momento não faz diferença, temos de resolver nossos problemas e decidir o que iremos fazer."

– O que está acontecendo, Jacó? – Cirano perguntou preocupado.

– Ontem à tarde recebi a visita do senhor Moilè – respondeu Jacó. – Ele veio me informar que a Toca pertence agora aos irmãos de Jean Marie e que, no dia vinte, daqui a dezessete dias, um sobrinho dele vem tomar posse e não quer aqui nenhum hóspede. O senhor Moilè pediu para evitarmos conflitos e desocuparmos a casa. Temos dezesseis dias para sairmos daqui.

Jacó suspirou e alguns deles também o fizeram.

– Era previsto que isso acontecesse! – exclamou Hugo. – Antes, éramos todos por um, agora, infelizmente, será cada um por si. Meus filhos querem muito que eu more com eles, vou partir, irei para a casa de minha filha que mora mais perto da Toca e vou ficar um tempo com cada um deles. Vai ser muito chato, mas acho que é o melhor para mim.

– Jacó, não há outro jeito de resolvermos esse problema? Teremos mesmo de sair daqui? – perguntou Cirano.

– Infelizmente, não há o que fazer – respondeu Jacó. – A Toca agora é dos irmãos de Jean Marie e eles não nos querem aqui. Alguém tem alguma idéia? Sugestão? Sinto, como vocês, por termos de nos separar.

– Não há mesmo como continuarmos juntos – lamentou Hugo suspirando. – Gastamos muito dinheiro, nossa despesa sempre foi grande, aqui não pagávamos aluguel, éramos servidos pelos empregados da Toca. Não temos ou não teremos dinheiro para alugar uma propriedade nem como nos sustentar.

– Você tem razão – concordou Joana. – Temos de nos virar. Recebemos notícias de Emília, ela lamenta muito a morte de Jean Marie. Escreveu que ela e o marido resolveram alugar a casa dele e vão ficar morando na dela, aquela em que nos hospedávamos em Paris. Vão abrir uma casa de encontros, convidaram-nos para suas garotas. Anne e eu vamos para lá e não vamos esperar muito, partiremos no sábado.

– Eu – disse Maurícia – não irei, não agrado mais para ter esses encontros, acham-me velha. Recebi há quatro dias uma carta de uma prima me arrumando um casamento. Um viúvo amigo dela viu uma pintura que me retratava e se encantou. Ele tem cinco filhos.

– Maurícia! – exclamou Joana. – Você vai aceitar? Começar tudo de novo?

– Não, Joana – respondeu Maurícia. – Não será a mesma coisa. Na primeira experiência casei iludida, era uma chata de tão certinha, carola que via pecado em tudo. Mudei. Os filhos dele são menores e tentarei desta vez tê-los por filhos. Teria rasgado a carta sem responder se fosse antes. Agora é solução. Vou aceitar e fazer tudo para que dê certo. Parto no sábado também.

– Estão vendo esta carta? – indagou Cirano.

– Recebemos enquanto você estava viajando – disse Anne. – Do que se trata?

– É do meu amigo – respondeu Cirano –, deste último em cuja casa estive hospedado. Faz uma oferta. Também rasgaria a carta ou responderia com desaforos se fosse antes. A irmã dele está grávida e o noivo morreu, ele quer um marido para a irmã e propõe que eu me case com ela e assuma o filho. Em troca, terei boa vida, conforto e estarei junto dele como um cunhado, propõe que sejamos amigos.

– Para ter estabilidade e conforto terá de casar – comentou Anne.

– Nunca pensei em casar, mas agora estou tentado a aceitar. O que acham? – Cirano quis saber a opinião dos amigos.

– Acho que você deve aceitar – aconselhou Hugo. – A família da moça é rica e sabe aproveitar a fortuna que tem. Poderá ter boa convivência com sua esposa. Aceite, Cirano, e não abuse, que tudo dará certo.

– Abusar? O que você está querendo dizer? – perguntou Cirano.

– Mantenha as aparências de bom marido – esclareceu Hugo. – Você hospedou-se na casa do irmão, poderia muito bem ter se relacionado com a moça e a engravidado. Seja carinhoso, mantenha aparência de um marido apaixonado e, discretamente, faça o que quiser.

– Vou aceitar – decidiu Cirano. – Partirei amanhã bem cedo, a gravidez avança e devo me casar o mais rápido possível. Logo mais irei me preparar para a viagem. Infelizmente teremos de nos separar. E decisões têm de ser tomadas. Maurícia irá se casar, eu também; Anne e Joana vão morar em Paris, Hugo irá para as casas dos filhos e você, Caterine, o que vai fazer? Bárbara, sabe para onde ir? E você, Jacó? Anatólio?

– Eu ficarei na cidade – respondeu Jacó. – Nasci aqui e gosto do lugar. Vou alugar uma casa pequena e me mudar. Quero ser o último a sair da Toca. Devemos pegar todos os nossos objetos quando partirmos. Não esqueçam os baús.

– Francesca e Victor escreveram pedindo que mandássemos seus pertences e os baús – informou Bárbara.

– Diga-nos, Bárbara, o que mais eles escreveram – perguntou Anne.

– Quando Jean Marie faleceu – falou Bárbara –, Jacó os avisou, o casal escreveu que sentia muito etc. Eu escrevi a eles pedindo para receberem em seu lar a mim e ao Jacó. Seríamos tia e um avô para os filhos deles. Responderam pedindo que enviassem seus pertences e disseram que, infelizmente, não poderiam receber ninguém do grupo, porque, na cidade em que moram, a família e principalmente os filhos desconheciam o que eles fizeram e que deveriam continuar não sabendo. Disseram que sentiam a separação do grupo, mas que não tinham como nos ajudar. Mandaram abraços a todos e terminaram com um simples adeus.

– Você fez isso, Bárbara? Pediu a eles para nos receber? – perguntou Jacó.

– Achei que seria uma solução – respondeu Bárbara. – Mas eles não nos quiseram e entendi seus motivos. Já enviei a eles tudo o que pediram.

– Bárbara, se quiser vir conosco, prometo que cuidaremos de você, poderá nos ajudar e não fará encontros – disse Anne.

– Não, Anne, obrigada, não gosto de Paris e minha presença seria com certeza um perigo para todos. Não tenho como me controlar e seria muito difícil ficar escondida. Atrapalharia vocês. Anatólio vai aceitar uma propriedade que sua família ofereceu e eu irei morar com ele.

– Minha mãe – explicou Anatólio – me deu uma casa pequena, na cidade perto de onde eles moram. Terei uma renda anual. Bárbara e eu viveremos bem, mas teremos de economizar bastante.

– Dará certo? – perguntou Cirano.

– Viveremos como irmãos – respondeu Anatólio.

Acharam que não daria certo, mas não opinaram.

– Caterine, você está muito quieta. O que você vai fazer? – Hugo quis saber.

– Monsenhor achou a solução – respondeu ela. – Na segunda-feira, irei com uma empregada em quem ele confia para uma cidade onde ele possui uma casa. Morarei lá, receberei suas visitas e serei por ele sustentada.

– Caterine, é isso o que quer? – perguntou Maurícia. – Pelo jeito será vigiada, passará os dias em tédio esperando esses encontros. E Michel? Irão se separar?

– Achamos melhor – respondeu Michel. – Sou somente um empregado, não temos como enfrentar o monsenhor e eu não tenho como sustentá-la. Não quero ficar na Toca, recebi uma proposta de emprego, trabalharei num local longe daqui, aceitei e parto logo. Quero aproveitar para lhes agradecer, recebi muito de todos.

– Vocês irão se separar mesmo? – perguntou Cirano duvidando. – Ontem, logo que chegamos, você estava saudoso e foi para o quarto de Caterine.

– Decidimos o que achamos ser o melhor para nós – respondeu Michel. – Vou partir e Caterine aceitará a proposta do monsenhor.

– Terei de fato de viver isolada – disse Caterine. – Mas tirarei tudo o que for possível do monsenhor. Por agora é o que farei, depois não sei ainda, talvez vá a Paris para ficar com as meninas.

– Tudo decidido! – exclamou Maurícia. – Que decisões tristes! Ninguém está satisfeito. Que falta você nos faz, Ateu! Vamos então aproveitar para tomar bastante vinho e usufruir a companhia um do outro. Quando os novos proprietários chegarem, que não tenham o gosto de nos expulsar.

As mulheres choraram, os homens seguraram para não fazê-lo. Embebedaram-se, entristecidos pela separação.

Cirano viajou no outro dia, Michel, Maurícia, Joana e Anne, dois dias depois, Hugo também se foi e Caterine, inquieta, aborrecida também partiu.

– Como a Toca ficou vazia! – exclamou Bárbara.

– Vamos embora, Bárbara, é melhor irmos logo – disse Anatólio.

– Iremos sim, querido. Quero antes acertar algumas coisas com Jacó. Vou abrir o cofre, vamos queimar todos os papéis, não iremos chantagear mais.

Abriu o cofre.

– Vou repartir este dinheiro e estas jóias. Metade para você, Jacó, e a outra para Anatólio. Jacó, pegue algumas coisas da casa para você levar. Faltam cinco dias para sairmos.

– Já aluguei uma casa – falou Jacó –, paguei um ano de aluguel, nesse período terei garantido onde morar. Vou levar alguns objetos da casa: uma escrivaninha, cama, duas poltronas, alguns utensílios domésticos e livros.

– Será que você ficará bem, Jacó? – perguntou Bárbara.

– Acho que não. Estarei sozinho, terei muito pouco para me sustentar.

– Sinto por você, mas não posso levá-lo conosco – disse Bárbara tristemente.

Jacó não entendeu o porquê de Bárbara não poder levá-lo. Não quis insistir; se o casal não o queria, deveria respeitar.

– Vou pegar tudo o que ainda temos na despensa – decidiu Bárbara – e levar ao orfanato, vou levar também algumas roupas de cama. Jacó, pegue para você as roupas de Jean Marie.

– Já fiz isso, fiquei com as melhores, o resto dei para Michel, José e Gerald.

Com tudo acertado, Jacó viu o casal, Anatólio e Bárbara, partir numa carroça velha. Levavam somente alguns pertences. Jacó ficou sozinho naquela noite na Toca, lembrou com saudades de todos, das festas, encontros, as refeições alegres com Jean Marie. No outro dia cedo, faltando um dia para o prazo, ele se despediu dos empregados, saiu a pé, porque tinha já levado tudo o que era seu, foi à cidade, informou o senhor Moilè que a propriedade estava desocupada e foi para o lugar onde ia morar. Uma casinha de três cômodos nos subúrbios da cidade. Suspirou.

"Aqui não é o local ideal, mas com certeza é o que mereço. Esperarei por você, morte. Acabarei aqui. Não tenho nem o consolo de pensar que ao morrer encontrarei com amigos."

E o grupo se desfez. Fernão se despedia também, chorava emocionado nas partidas. Acompanhou somente Jacó até a casa e entristeceu ao ver o local em que ele iria morar.

E, como o previsto, um sobrinho de Jean Marie chegou para se apossar da propriedade. Veio sozinho, mas moraria com a família ali; num acordo, comprou dos outros herdeiros suas partes e tornou-se o único dono. Mandou fazer uma placa com o antigo nome: "Fazenda São Francisco" e começou a reformar a casa, fazendo paredes dividindo o salão em várias salas. Achou que os empregados ganhavam muito e trabalhavam pouco, aumentou as horas de trabalho, diminuiu os salários e dispensou alguns outros empregados. Mal-humorado, dizia:

– Esta casa tem empregados como uma hospedaria!

Pediu para o monsenhor benzer a casa. Cinco meses depois, a família dele chegou, passaram a residir na propriedade o casal e três filhos. Tudo mudou, a antiga Toca não existia mais.

O SOCORRO A JEAN MARIE

Fernão ficou desolado, sofreu ao ver Jean Marie padecer daquele modo, ficava muito no túmulo e orava, tentando manter o cerco de luzes que rodeava a pequena capela, queria protegê-lo e também a si mesmo daqueles desencarnados maldosos. Quando saía, vagava por ali perto, não gostava mais de ir à Toca, nada mais o atraía por lá. Não querendo ir longe, visitava somente Jacó, que estava muito triste.

Ao se aproximar do túmulo, depois de uma saída, escutou vozes. Apreensivo, mesmo com medo, entrou com intuito de defender Jean Marie de alguma maneira. Cauteloso, abriu o cerco, notou que ele continuava forte e luminoso, encostou-se à parede e viu surpreso Jean Marie, em espírito, já desligado do corpo físico apodrecido, conversando com Frei Damião.

– *Que vergonha!* – exclamou Jean Marie. – *Como pude ser ateu! A morte não acabou comigo e ainda me deu uma grande lição. Quanto sofrimento! Agradeço muito ao senhor por ter me ajudado. Estava e ainda estou confuso. Sentia fome, sede, pavor do escuro, muitas dores e, ao mesmo tempo, via não sei como meus amigos na Toca, até que foram embora, vi também meu sobrinho reformando a casa. Tudo mudou!*

– Você, Jean Marie – explicou Frei Damião –, *estava ligado aos amigos e eles a você, afeto sincero é um laço forte, por isso os sentia. De fato, eles se separaram, cada um foi para algum lugar, a vida continua...*

– Continuou para eles e para mim! Estou inconformado com esta continuação. Separaram-se! Pensei em me casar com Bárbara, para que ela herdasse a propriedade, no caso de eu falecer. Não achava que ia morrer logo, estava bem, saudável, fui adiando. Se tivesse casado com ela, o grupo continuaria morando lá e minha amiga estaria protegida. Como é ruim deixar para fazer no futuro. Deveria ter me casado com Bárbara! – Jean Marie suspirou e continuou a falar: – *Senhor, eu vi também pessoas mortas, como eu, que queriam me pegar para me maltratar.*

– Agora eles não poderão lhe fazer mal, por isso deve esquecê-los. Eram desencarnados que faziam parte do grupo do Conde, aquele que vocês tentaram chantagear.

– Foi alguém a mando do Conde que me assassinou? – perguntou Jean Marie curioso.

– Foi. Guarda mágoa deles? – o frei quis saber.

– Não, senhor – respondeu Jean Marie. – *Eu os provoquei primeiro. Sabíamos que corríamos perigo.*

– Você os perdoa?

– *Como não perdoar se sou tão necessitado de perdão? Ainda estou duvidando se mereço ser perdoado depois de tudo o que fiz. Mas se o senhor está me dizendo que Deus nos perdoa sempre, tenho também de perdoar. Com sinceridade, afirmo que os perdôo, mesmo que não me tenham pedido. Ai! Ali!* – gritou Jean Marie ao ver Fernão. – *Por favor, senhor, me acuda! Esse espírito é mau, sinto que ele me odeia, quer me prejudicar e me levar com ele. Reconheço-o!*

– *Calma, Jean Marie!* – pediu Frei Damião segurando as mãos dele. – *Este é Fernão, não faz parte daquele grupo do conde. Não é mau e não quer prejudicá-lo.*

– *Não? Mas ele tentou me pegar* – falou Jean Marie apressadamente olhando atento para Fernão.

– *Ele queria somente desligá-lo do corpo físico* – esclareceu o antigo sacerdote.

– *Mas então por que sentia que ele queria me prejudicar? Não senti medo quando o senhor se aproximou de mim.*

Fernão, sem saber o que fazer, ficou observando-o sem se mover. Sentiu que Jean Marie estava sendo sincero, não guardava mágoa de seus assassinos, assumira seus erros, então ele resolveu fazer o mesmo e falou emocionado:

– *Jean Marie, eu fazia parte do grupo de vocês...*

– *O quê? Como? Parece que eu o conheço, mas não me lembro. Morreu recentemente?*

– *Não, desencarnei há muito tempo. Fazia parte do grupo, mas como desencarnado* – respondeu Fernão vagarosamente.

– *Como desencarnado?!* – exclamou Jean Marie admirado. – *Então por que não tentou nos alertar? Poderia ter nos instruído, dizer que estávamos errados, que a vida continua após a morte.*

– *Eu fiz o contrário* – confessou Fernão com sinceridade –, *motivei-os a serem ateus. Você me perdoa?*

– *Você fez isso?! Por isso sentia que você era mau! Tinha razão de não confiar em você. Como pode ter certeza de algo e fazer os outros pensarem o contrário? Fui ateu, era sincero nas minhas convicções, errei muito e você ainda não entendeu seu erro? Errou mais do que eu, do que nós todos do grupo.*

Fernão teve vontade de responder agredindo Jean Marie, mas entendeu que ele tinha razão e falou baixinho:

– *Compreendi e lhe peço perdão.*

– *Este senhor me socorreu* – falou Jean Marie apontando para o frei. – *Passei muito tempo sofrendo, para mim foi como se passasse um século, fiquei junto do corpo apodrecido. Ai! Os vermes! Socorre-me!*

Jean Marie gritou e passou a mão pelo seu corpo perispiritual, sentindo os vermes. Fernão instintivamente aproximou-se com intenção de ajudá-lo. Jean Marie quis correr, fugir dele e Frei Damião interferiu. Com um gesto, o frei pediu para Fernão se afastar e com carinho estendeu as mãos em direção a Jean Marie, que se acalmou, suspirou aliviado para não sentir mais os vermes e olhou para seu ex-obsessor e falou:

– *Para que eu seja socorrido e receba ajuda, tenho de perdoar você! Desculpar os criminosos, aqueles assassinos, foi para mim mais fácil do que perdoar você. Nunca mais quero vê-lo, ouviu bem? Nunca mais se aproxime de mim!*

Jean Marie olhou para Frei Damião pedindo piedade, não queria mais ver aquele espírito que pela simples presença lhe causava nojo e mágoa. O ex-sacerdote retribuiu o olhar e o ex-ateu acalmou, sentiu sono e adormeceu nos braços do frei.

– *Espere-me aqui, vou levá-lo e volto para orientá-lo* – pediu Damião a Fernão.

Frei Damião volitou com Jean Marie adormecido em seus braços e Fernão sentou-se num canto e chorou muito. As palavras daquele espírito, da ex-Isabel, ressoavam em sua mente.

"*Nunca irei aceitá-lo! Nunca se aproxime de mim! Foi fácil perdoar aqueles assassinos, a você está sendo muito difícil. Como pôde instruir-me em algo que sabia ser falso?*"

Horas depois, Frei Damião retornou, como prometera.

– *Fernão, deixei Jean Marie numa casa-abrigo em uma enfermaria, lá ele receberá ajuda e orientação.*

– *Como o senhor conseguiu desligar o espírito dele de seu corpo físico? Eu tentei muitas vezes e não consegui* – Fernão quis saber.

– *Quando estamos aptos para receber, o socorro acontece* – respondeu o frei. – *Jean Marie já havia percebido que seu corpo físico morrera e que ele continuava vivo, entendera também que esteve errado na sua descrença. Sentiu muito, chorou, mas não se revoltou. Aproximei-me dele, fiz com que ele me visse e perguntei se queria ajuda. Ele me respondeu que sim, que fizesse a caridade e o ajudasse. Lembrei-o de que ele fez muita caridade e que, por isso, eu pela gratidão dos que receberam dele podia socorrê-lo. Desliguei-o do corpo, limpei-o, dei-lhe água, poderia tê-lo levado logo para um posto de socorro, mas preferi esperar por você.*

– Jean Marie ainda está magoado comigo. Teve medo de mim. Será que um dia me aceitará?

– E você, o aceitará sem mágoa? Espero que sim, pois todos progredimos, faz parte da nossa evolução amarmos a todos. O que você, meu amigo, quer fazer agora? Quer ser abrigado também?

– Podemos reparar nossos atos errados? – perguntou Fernão.

– Pela infinita misericórdia de Deus, podemos sim – respondeu o frei.

– Quero começar a repará-los. O senhor me ajuda?

– O que realmente quer fazer?

– Tentar alertar o resto do grupo, dizer a eles que todos nós estávamos errados.

– A tarefa não será fácil – falou Frei Damião. – *Lembro-o que escutamos, acatamos o que queremos e a quem queremos. Os integrantes do grupo se afinavam entre si. Você somente os motivou, eles o escutaram porque quiseram, agora será diferente. Mas fico contente por sua decisão e vou ajudá-lo. Vou levá-lo a uma casa-abrigo, num posto de socorro, onde receberá algumas aulas para saber como auxiliar encarnados e como se defender de desencarnados maldosos. Depois visitaremos todos os que eram do grupo e aí, sozinho, tentará fazer a tarefa junto deles. Aceita?*

– Sim, senhor, e fico muito agradecido – respondeu Fernão.

– Dê-me suas mãos, vou volitar com você até o posto de socorro.

Ele se encantou com o lugar, o posto de socorro era um imenso casarão com vários pátios, jardins, biblioteca e muitas salas de estudos. Ele dedicou-se com todo o esforço a aprender o que o frei amigo lhe determinou. E logo estava apto a fazer a tarefa. Fernão, então, foi visitar todos os membros do grupo e escutou a recomendação do orientador amigo:

– *Fernão, não esqueça do que aprendeu, lembro-o que agora está pensando o contrário deles. Ore sempre e, numa necessidade maior, chame por mim, que tentarei ajudá-lo. Vou acompanhá-lo nessa primeira visita e vamos primeiro a Paris rever as moças.*

Emília e o marido gerenciavam a casa onde muitas jovens alugavam quartos para terem encontros amorosos. Joana e Anne estavam se divertindo, mas sentiam saudades dos amigos.

– *Como vou fazer para auxiliá-las?* – perguntou Fernão.

– *Acho que o tempo o ajudará* – respondeu o frei. – *A velhice sempre vem acompanhada de doenças, limitações e muitas necessidades. Tenha paciência e, não se iluda, não espere conseguir que elas mudem de atitude ou passem da descrença à crença de imediato.*

Deixaram Paris e foram visitar Cirano. Ele também estava se sentindo feliz, casado, seguia os conselhos de Hugo, aparentemente era um bom marido, gostava da criança, não trabalhava, era sustentado pela família da esposa e tinha um bom relacionamento com o cunhado. Tinha saudades do grupo, de Jean Marie e por não querer, não iria também receber conselhos, intuição com que não se afinava no momento.

Maurícia deu esperanças a Fernão. Casou-se, estava sendo boa madrasta e voltou a ser religiosa, não a fanática de outrora, com experiência resolveu ficar com a parte boa da religião, entendeu que pessoas não são a religião e que em todas as crenças existem pessoas boas e más. E Fernão, junto de Damião, fez planos de influenciar Maurícia para escrever aos outros do grupo, aconselhando-os.

Francesca e Victor continuaram juntos aparentando honestidade. Francesca seduziu o tio de Victor, tornou-se sua amante e estava conseguindo que ele lhe desse bens. Afastaram-se do grupo, embora sentissem muitas saudades de todos e do passado.

Hugo sentia-se muito sozinho e estava entediado morando com os filhos, escrevia a todos os amigos, estava sempre querendo saber notícias deles. Tornou-se mais ateu ainda, por escutar controvérsias e absurdos sobre religiões.

– *Agora vamos à Grécia* – convidou Frei Damião.

– *À Grécia? Quem está lá?* – perguntou Fernão.

– *Caterine e Michel, enganaram o monsenhor e fugiram.*

– *O que aconteceu?* – Fernão quis saber.

– *Os dois combinaram na Toca de ficarem juntos e fugir para longe, não contaram aos outros por medo. Michel não recebeu nenhuma oferta de emprego e nem foi trabalhar. Ficou escondido num local próximo de onde Caterine foi residir. Ela foi morar com uma empregada do monsenhor numa casa afastada de uma cidade não longe da Toca. Aparentando estar feliz e agradando muito o amante, Caterine fez com que ele mobiliasse a casa com peças caras e lhe desse muito dinheiro para comprar uma carruagem com bons cavalos. Sem que a empregada percebesse, vendeu tudo de valor da casa e combinou a entrega para um determinado dia. Nesse dia, deu remédio à empregada sem que esta percebesse e a fez cair no sono. Então, Caterine colocou-a num quarto fechado e entregou tudo o que vendeu. À tarde, Michel foi buscá-la e os dois fugiram. Caterine escreveu duas cartas, uma para a empregada, dizendo que estava arrependida, que se convertera e que iria para um convento na Espanha. A outra carta era para o monsenhor, onde dizia que o amava muito e que sentia que esse amor iria prejudicá-lo. Que tinha notado alguém vigiando-a e que soube ser a mando do bispo. Por amá-lo, se afastaria e iria para um convento e que ele a perdoasse. O monsenhor duvidou, mas orgulhoso não concebia não ser amado e, temendo o bispo, pois gastara novamente muito dinheiro da Igreja, vendeu a casa para repor um pouco o desfalque. Resolveu esquecer Caterine e logo arrumou outra amante que não era tão cara.*

– *E aí? O que Caterine fez?* – Fernão, curioso, quis saber.

– *Viajaram a noite toda* – continuou Damião a contar –, *esconderam-se durante o dia e dois dias depois chegaram ao litoral e num porto embarcaram num navio em direção à Grécia. O lugar que o casal escolheu para morar era muito lindo e ambos estavam contentes. Sentiam saudades das pessoas do grupo, mas não se comunicavam com elas, tinham medo de serem descobertos pelo monsenhor. O casal, com o dinheiro que Caterine juntou, montou um pequeno comércio, uma loja de artigos importados, comprou uma casa e aprendeu a falar o idioma local. Michel escreveu somente uma vez para os pais e pediu que um viajante despachasse a carta de Paris. Gostaram do lugar, do povo alegre e festeiro, fingiram seguir a religião predominante, mas continuaram ateus. Fizeram novas amizades.*

– *Sei que terei muito trabalho, mas não desanimarei. Agora, vamos visitar o restante do grupo?* – pediu Fernão.

– *Fernão* – disse Frei Damião –, *esteja preparado, podemos deparar com dificuldades. Vamos nos despedir do casal.*

Fernão aproximou-se de Caterine, que sentiu um arrepio e comentou com Michel:

– Hoje estou saudosa! Ainda sinto muita falta dos nossos amigos do grupo e de Jean Marie.

Fernão e Frei Damião partiram.

– *Está preparado para ver Jacques?* – perguntou Damião.

– *Ele morreu? Desencarnou? Traiu?* – Fernão quis saber, ao lembrar-se dele.

– *Ele está encarnado e planejou tudo muito bem* – respondeu o frei.

– *Ora, ele merece uma lição!*

– *Fernão!*

– *Desculpe-me* – pediu Fernão –, *é força do hábito. Tentarei ajudá-lo também.*

– *É isso, amigo! Não aponte erros alheios sem ter consciência dos seus. Jacques tinha a certeza que Jean Marie e Jacó decidiriam chantagear o conde Luigi e então ele fez seus próprios planos. Optou por ficar com a primeira esposa, sua companheira de mais tempo e por quem fora apaixonado desde a sua juventude, aquela em que realmente podia confiar. Escolheu um lugar para morar com a primeira família, no litoral sul da França, comprou uma casa isolada e reformou-a. Mentiu ao grupo dizendo que o filho ia seguir a carreira militar e mandou-o para a Itália. A filha mais velha casou-se e foi para a Espanha e as outras filhas, adolescentes, ficaram com ele. Jacques disse à primeira esposa que descobriu que*

Jean Marie era um assassino, revolucionário, que iria certamente ser preso e que ele estava com medo de também ser encarcerado. Mudaram sem deixar pistas ou endereço. Em relação a suas outras duas famílias, ele organizou tudo de modo a deixá-los bem, financeiramente. Fazia anos ele roubava do grupo, as chantagens eram de valores maiores e muitas delas continuavam a ser feitas por ele, mesmo depois de Jean Marie pedir que parasse.

– *A traição foi planejada!* – suspirou Fernão triste.

– *Jacques seguiu os planos de Jacó e Jean Marie* – continuou Damião a falar. – *Mas na quarta missiva que mandou ao conde, fez outra propondo uma negociação. Informou que era intermediário e que, se o conde pagasse uma certa quantia, menor que a da chantagem, ele lhe entregaria o chantagista. O conde aceitou e eles combinaram se encontrar. Jacques sabia do perigo que corria, marcou um encontro numa cidade onde acontecia um evento em que os participantes vestiam uma determinada roupa para a festividade. Vestido como os homens da festa, Jacques, que estava com o rosto coberto com uma máscara de metal, encontrou-se com o conde numa taberna. O conde estava acompanhado por seus amigos.*

– Conde Luigi – disse Jacques se aproximando –, sou o intermediário. Trouxe o dinheiro?

– Aqui está. Não irei vê-lo? Saber quem é você? – perguntou o conde.

– Claro que não! – exclamou Jacques. – Lembro-o de que deve respeitar o acordo. O senhor me dá o dinheiro, eu digo quem o está chantageando e onde estão os documentos. Não tente algo contra mim, como lhe escrevi, se eu não der notícias dentro de três dias, o chantagista entregará a um bispo as provas e dirá às autoridades eclesiásticas o que sabe sobre o senhor e seus amigos.

– Cumprirei com minha palavra, desde que você cumpra com a sua. Aqui está o que me pediu – falou o conde.

Jacques pegou o saco que o conde lhe deu. Abriu-o discretamente, fechou-o e falou:

– O chantagista é o senhor Jean Marie de... mora na Toca, uma propriedade em..., ele guarda os documentos numa gaveta em sua biblioteca, numa escrivaninha de mogno à esquerda da porta de entrada. O melhor horário para encontrar Jean Marie sozinho na casa é entre onze e uma hora. Para ser recebido sem problemas, anuncie-se com o nome do juiz Lachard.

E rapidamente saiu da taberna e se misturou com outros homens e, por vestirem roupas iguais, os amigos do conde não conseguiram localizá-lo. Mas Jacques sabia que o perigo continuava. Ele não pôde blefar inventando outro chantagista, porque o conde tinha muitos conhecimentos, por isso não estranhou ao saber que era Jean Marie que queria extorqui-lo. O chantageado sabia, fazia tempo, das atividades dele, só que não o achava capaz de enfrentá-lo. Não quis atacar o intermediário ali na taberna rodeado de muitas pessoas, chamaria muita atenção, depois era perigoso fazer algo a ele dentro do prazo que teria para comunicar-se com o chantagista. Ele saberia depois, com certeza, quem era aquele homem, o mataria, recuperaria seu dinheiro e Jacques tinha conhecimento disso. Pagou caro para o comandante de um navio dizer a todos que ele tinha falecido. Ele mesmo escreveu as cartas, colocou-as em baús, que foram entregues a suas outras famílias, informando-as onde deixara pistas na casa indicando o local que guardava o dinheiro para o sustento dos filhos. Tendo a certeza de que não estava sendo seguido, foi para a casa de sua primeira esposa, disse que não trabalhava mais para Jean Marie e que viveriam ali escondidos.

– *Puxa! Jacques foi genial! Deu certo?* – perguntou Fernão.

– *Deu* – respondeu o frei. – *O conde agiu rápido, seguiu as recomendações do intermediário, mandou um de seus homens matar Jean Marie e roubar as provas. Aqueles documentos que o assassino levou eram somente alguns escritos que Jacques de propósito deixara na gaveta, quando ficou estudando o plano na biblioteca. Esses papéis não comprometeriam mais ninguém. E não foi difícil o conde saber quem trabalhava com Jean Marie, ajudando-o nas chantagens. Foi atrás de Jacques, quase encontra com Cirano e ficou sabendo que o grupo também procurava por ele. Pelas informações que obteve, achou que Jacques, ao fugir de navio, falecera. Ficou atento ao grupo, mas concluiu que eles não sabiam de nada, que não tinham dinheiro e que se separaram, então o conde resolveu esquecê-los.*

– *Por que Jacques fez isso?* – perguntou Fernão, inconformado.

– *Não vamos julgá-lo. O grupo todo agia erradamente. Preparado para revê-lo?*

– *Sim, estou.*

Frei Damião e Fernão encontraram Jacques diferente, modificado, os cabelos estavam curtos, brancos, vestia roupas simples, morava numa casa rústica, mas muito confortável por dentro. Estava tranqüilo, trabalhava na horta, pescava, mas estava sempre atento a estranhos.

– *Você, Jacques, não sente a morte de Jean Marie?* – perguntou Fernão concentrando-se nele.

Mas Jacques nem pensou no antigo amigo ou no passado.

– *Ele não o sente* – informou Damião.

– *O senhor pode me dar uma idéia de como ajudá-lo?* – indagou Fernão.

– *Acho que Jacques o escutará somente quando seu corpo físico morrer e ele tiver a certeza de que não acabou nem acabará. Visite-o sempre, pode surgir alguma oportunidade de auxílio. Vamos deixá-lo por ora, continuemos nossas visitas.*

A VOLTA DO GRUPO

— *Agora, vamos visitar Anatólio* – anunciou Frei Damião.

– *Que bom, estou com saudades de Bárbara!* – exclamou Fernão.

A casa em que Anatólio morava era pequena, numa rua sossegada de uma cidadezinha. Encontraram-no sentado numa poltrona na sala, estava muito triste.

– *Onde está Bárbara?* – perguntou Fernão.

Anatólio enxugou as lágrimas, sentia muita saudade. Fernão acompanhou os pensamentos dele; neles, recordava-se de Bárbara, da saída deles da Toca, da viagem, da carta que ela escreveu.

– *O que aconteceu com ela?* – aflito, Fernão quis saber.

– *Vamos sentar debaixo daquela árvore.* – Apontou o frei para uma frondosa árvore no quintal da casa. – *Contarei tudo a você.*

Acomodados, Damião voltou a falar:

– Bárbara sofreu muito com a desencarnação de seu amigo Jean Marie. Hugo até chamou a atenção, disse-lhe enérgico: "Bárbara, não é assim que uma atéia que se preze age! É vergonhoso se desesperar desse modo, sofre como se o Ateu estivesse no Inferno! Trate de se comportar!" *Bárbara ficou sentida com Hugo, achou que ele estava muito indiferente ao sofrimento causado pela grande perda que tiveram. Jacó tentou confortá-la:* "Não fique triste, Bárbara, tente se alimentar, senão ficará doente". "Jacó" *– disse Bárbara –*, "sinto falta de Jean Marie, Hugo não iria falar comigo assim se ele estivesse aqui. A perda do Ateu foi para mim como se me tirassem os dois braços, os olhos, ele era pai, mãe, irmão, era minha família". "Eu sei" *– falou Jacó –*, "Jean Marie também era para mim minha família, mas não podemos nos iludir, tudo mudou. Você é jovem, tem de continuar vivendo; se esforce para ficar como ele gostava de vê-la, sempre bem". *Bárbara sorriu em resposta. Você, Fernão, viu quando eles saíram da Toca, Anatólio e Bárbara despediram-se de Jacó e partiram numa carroça velha levando alguns objetos. Ela olhou para as árvores que ficavam em frente do orfanato, cobrindo sua visão, e suspirou triste, já saudosa das crianças. Lembrou do que Joana disse dois dias depois que Jean Marie faleceu:* "Garotas, não vão tanto assim ao orfanato, se tivermos de partir, deixar a Toca, as crianças irão sentir a falta de vocês". *Mas era ela que sentiria a falta delas. Anatólio a olhava, tentou sorrir para ele e enxugou algumas lágrimas. Viajaram em silêncio. Mas o que Jacó e Anatólio não sabiam era que Bárbara fizera planos. Ela convenceu Anatólio – não foi difícil porque ele fazia sempre tudo o que ela queria – a*

passar, antes de irem para a casa dele, no convento onde aconteceu aquela tragédia com ela.

– *Ah, meu Deus, que nossa amiga fez?* – perguntou Fernão quando Damião fez uma pequena pausa.

– *Bárbara* – continuou Damião informando o amigo – *tinha em seu poder um veneno muito potente. Ela disse a Jean Marie que ganhara, mas comprou-o de um mago e guardou-o em seu baú. E quando o amigo desencarnou, ela tirou da adega cinco barris do bom vinho, colocou-os entre os barris vazios e os escondeu. Com jeitinho implorou para Anatólio levar ao convento os barris e que ela colocara um veneno dentro, mas como era em pouca quantidade, os padres que o tomassem ficariam apenas doentes. Depois de entregue o vinho iriam para a casa em que morariam. Anatólio achou que não teria nada de mais atender a amada e não disse nada ao Jacó para não deixá-lo preocupado. Perto da cidade onde estava o convento, na estrada, Bárbara pediu para parar, queria esperá-lo ali, porque não queria ir ao convento, temia ser reconhecida. Anatólio concordou, ele estava vestido como um empregado, foi até o convento, deixou os barris de vinho, disse que era presente do barão, o vizinho deles da Toca. O presente foi aceito, agradeceram e Anatólio voltou ao local onde deixou Bárbara. Mas, assim que ela se viu sozinha, trocou de roupa, que pegara, sem o companheiro ver, um saco de viagem e, muito arrumada, foi à cidade! Anatólio não a encontrou, viu o saco e em cima um bilhete informando-o de que saíra um pouquinho e que não demoraria, mas caso se atrasasse era para ele abrir a bagagem que encontraria explicações. Anatólio achou que a amada fora rever a casa onde morou quando menina e esperou. Não tinha passado nem meia hora quando ouviu barulho na estrada, eram dois homens conversando alto, comentavam que o monsenhor acabara de falecer na igreja. Anatólio se apavorou, sentiu uma sensação estranha, de perigo, abriu o saco e dentro achou uma carta endereçada a ele, era de Bárbara. Ela simplesmente escreveu que não era possível viverem como irmãos, temia fazê-lo sofrer, que estava se vingando e que, quando lesse aquela carta, com certeza já estaria morta, disse também para não interferir, não ir atrás dela. Anatólio ficou por segundos sem saber o que fazer, guardou a carta no saco, então ligou a morte repentina do monsenhor com o sumiço da amada. Como a cidade era perto, foi para lá caminhando, deixou a carroça ali embaixo de uma árvore. Encontrou muitas pessoas na frente da igreja e ficou ouvindo os comentários: que o monsenhor morreu de repente, que viram uma mulher muito bonita entrar na igreja, mas não a viram sair. Anatólio fez algumas perguntas e ficou sabendo que uma moça desconhecida fora à igreja, o monsenhor a atendera em confissão e depois ela sumira. Uma senhora comentou que tinha sido um encontro amoroso, que ambos morreram e que com certeza esconderam o corpo da moça para não haver escândalo. Anatólio, sem saber o que fazer, voltou à carroça, pegou a carta e ficou surpreso, havia duas juntas e ele lera somente a primeira. Leu emocionado. Bárbara lhe pedia perdão por amá-lo somente como amigo. Que por informações que obtivera sabia que o antigo superior do convento que a estuprara – e permitira que outros o fizessem – era agora monsenhor e ficava na igreja, por isso ia envenená-lo e a si também. Que quando lesse aquela missiva, ela estaria morta e tudo acabado. Pedia que ele fosse feliz e lhe agradecia. Anatólio chorou, achou que o plano de Bárbara dera certo e foi embora.*

– *É isso que ele sabe, não é? O senhor sabe o que de fato aconteceu? Quero, preciso ajudar Bárbara! Onde ela está?* – Fernão perguntou aflito.

– *Bárbara primeiramente tentou morar com alguém do grupo. Pensou em Francesca e Victor, não deu certo, não quis ficar com Joana e Anne, temia ser confundida com uma prostituta, restou Anatólio, mas ela também não quis ficar com ele. Então planejou tudo com detalhes. Resolveu dar fim em sua vida, acabar com aquela existência complicada. Usou aquele homem, Anatólio, que realmente a amava. Achou com sinceridade que ia fazê-lo sofrer e que ele merecia ficar livre para arrumar uma noiva, fazer um bom casamento e refazer sua vida como os outros estavam fazendo, temia atrapalhá-lo. Para ver se o veneno era bom mesmo, testou num cavalo idoso, ele morreu rapidamente. Separou uma porção do veneno e o resto colocou nos barris, com certeza não ia dar para matar nenhum padre, mas adoecer somente. Escreveu as cartas a Anatólio, separou a roupa que usaria, pediu a carroça velha para si, arrumou a roupa de empregado para o amigo. Deixou as jóias e o dinheiro, a sua parte para ele, escondeu nos pertences dele. Desejou muito que o veneno causasse muitas dores nos padres. Quando Anatólio afastou-se deixando-a na estrada perto da cidade, ela se trocou rapidamente, pegou uma faca que usaria caso seu plano não desse certo, verificou se o vidro com o veneno estava na bolsa e andando ligeiro foi à igreja. Pediu para falar com o monsenhor. Bárbara estava muito bonita e, ao vê-la, o monsenhor se interessou e ela pediu para lhe falar em particular, foram à sacristia, ele dispensou a empregada, disse que ia atender uma confissão. Bárbara o reconheceu, embora seu antigo carrasco estivesse mais velho. Imitando as amigas, tentou seduzi-lo. Pediu que lhe servisse vinho, o monsenhor o fez, pegou duas taças e as encheu, ele se distraiu por instantes, ela colocou o veneno nas duas taças, uma grande quantidade, fatal. Coquete, mostrando interesse, disse que era viúva, passara por ali, queria se confessar e dar uma esmola à igreja. O monsenhor bebeu seu vinho, logo começou a passar mal e Bárbara lhe disse:* "Monsenhor assassino! Homem mau, sem escrúpulos! Não me reconhece? Sou uma das meninas, porque o senhor deve ter estuprado muitas outras, que o pai endividado entregou para ser empregada, para que com o trabalho quitasse a dívida. Serviram-se do meu corpo para seus prazeres. Mas um dia o retorno vem! Estou me vingando! Sabe o que coloquei no seu vinho? Veneno! Vai acabar! Pena que não exista Inferno com fogo e capeta, porque se existisse iria para lá. Morra!" *O monsenhor assustou-se, quis pedir socorro, não conseguiu, Bárbara então lhe tirou a roupa, deixou-o somente com a íntima, queria chocar a todos, provar que aquele homem era desonesto. Jogou-o no chão e tomou seu vinho com veneno, abriu sua blusa, sentiu sufocar e pensou:* "Logo acabo!" *Mas para sua surpresa aquele mal-estar horrível não passava. Viu, confusa, a empregada que a atendera e um outro padre entrarem na sacristia e exclamarem apavorados que estavam mortos. Escutou o padre determinar:*

– Vamos esconder o corpo desta mulher no armário. Rápido!

Pegaram Bárbara, colocaram-na no armário trancando a porta.

– Livro-me desse corpo mais tarde! – *falou o padre.* – Preste atenção, mulher! Vamos vestir o monsenhor, dizer a todos que ele morreu de um ataque do coração. Se alguém perguntar se atendeu uma mulher em confissão, você diz que sim e que ela foi embora. Entendeu?

Assim o fizeram. O padre, distraído e preocupado em evitar o escândalo, tomou um restinho do vinho envenenado da taça do monsenhor e, sentindo-se mal, foi para o convento e outros padres vieram, organizaram o velório e o enterro. À noite levaram o corpo de Bárbara para o convento e o enterraram num local ermo para que não fosse descoberto.

Ninguém veio perguntar de Bárbara e eles não sabiam quem era, somente um padre achou que ela poderia ser uma garota que fugira do convento fazia muitos anos. Como ninguém a procurou, resolveram manter o segredo e se esqueceram dela.

– *O que aconteceu com o monsenhor?* – curioso, Fernão quis saber.

– *Ele desencarnou apavorado, confuso e com medo por ter morrido sem ter se confessado, comungado, estava em pecado. Seu espírito ficou junto do corpo físico, viu seu velório e nada lhe deu alívio, sentia queimar por dentro, odiou aquela mulher. Viu seu enterro. Foi então desligado por desencarnados trevosos que queriam se vingar e foi levado para o umbral onde está sofrendo muito.*

– *Já sei, somente terá o socorro quando se arrepender, perdoar e pedir perdão com sinceridade* – falou Fernão.

– *São condições* – respondeu o ex-sacerdote. – *Ser receptivo para receber. Ainda bem que sofrimento nenhum é para sempre. A dor ensina aqueles que não aprendem pelo amor. O padre que tomou aquele resto de vinho na sacristia também desencarnou e, como o monsenhor, foi por afinidade para o umbral.*

– *O Inferno está cheio de religiosos* – comentou Fernão.

– *Não ironize! Não você, que não é isento de erros! Primeiro, o inferno não existe como falam; há somente um local onde os desencarnados que erraram muito estagiam por afinidades. Segundo, só não vêem os que, como você, não querem, que existem muitos religiosos que são sacerdotes bons, pessoas íntegras e caridosas.*

– *Desculpe-me* – pediu Fernão –, *sei que existem, o senhor é prova disso. Alguém mais foi prejudicado com o veneno? Bárbara colocou-o nos barris.*

– *Muitos adoeceram, sentiram dores abdominais, acharam que foi por uma compota estragada, desconfiaram do vinho quando estava quase acabando. Não morreu mais ninguém, mas como Bárbara planejou, realmente sentiram dores. Os padres souberam que aquela mulher desconhecida envenenara o monsenhor e se matara e o barão que supostamente teria enviado o vinho, segundo o empregado, estava muito perturbado, enlouquecido. Resolveram não investigar, temeram escândalo.*

– *E o que aconteceu com a nossa amiga?* – Fernão quis saber.

– *Bárbara desencarnou sentindo muitas dores e as continuou sentindo. Viu quando a colocaram no armário, quis gritar e não conseguiu. Ficou ali ouvindo conversas sem se mexer. Achou então que o veneno não a matara, mas sim a imobilizara. Resolveu ter calma e esperar o efeito passar. Mas ele não passou, viu com desespero dois padres enrolar seu corpo num lençol e transportá-lo, escutou que iam enterrá-la. Não conseguiu falar e rogou em pensamento:* "Não façam isto! Esse castigo não! Estou viva!" *Bárbara se desesperou. Não conseguiu se mexer, colocaram-na num local apertado, e então ela ficou no escuro, sentindo dores, frio, fome e sede. Eles enterraram-na no chão no porão.*

– *O senhor não fez nada?* – perguntou Fernão chorando.

– *Eu deveria ter feito algo?* – indagou o frei.

– *Não, senhor, não deveria.*

– *Mas eu fiz!* – exclamou Damião. – *Primeiro, de muitos modos, tentei fazer com que Bárbara mudasse de idéia, que não se vingasse, que não matasse ninguém, que não se suicidasse, mas não consegui. Depois, ao ver seu espírito enterrado junto de seu corpo físico, orei muito e pedi ao meu superior, meu orientador, para que eu pudesse ajudá-la. Tive permissão somente meses depois. Desliguei-a do corpo, estava muito desesperada, tão perturbada que nada via ou ouvia. Levei-a para um abrigo onde são socorridos os desencarnados que se suicidam. Ela está lá, já sabe que continuou vivendo depois que seu corpo carnal morreu. Está muito confusa.*

– *O senhor me levaria para vê-la? Queria tanto abraçá-la, confortá-la* – pediu Fernão.

– *Vou levá-lo, mas não a abrace!* – recomendou Frei Damião.

– *O que eu fiz? Ai, meu Deus! Por que fui obsediar a irresponsável da Isabel?*

– *Eu o alertei para as conseqüências* – disse Damião. – *Devemos sempre calcular até onde vão os reflexos dos nossos atos. Você não queria nada disso, mas os acontecimentos fugiram do seu controle. Bárbara admirava, era grata, gostava muito do amigo Jean Marie e nunca questionou o que ele dizia, para ela o Ateu estava completamente certo. Ela achou que aquele homem, o monsenhor, não deveria viver e continuar fazendo outros sofrerem, ela sabia por Michel, que ia muito a negócios para a região, de todos os acontecimentos. Soube que o superior do convento era agora monsenhor e estava na igreja. Achou, com sinceridade, que estava livrando o mundo de uma pessoa ruim. E que infelizmente não tinha mais nada para fazer e resolveu se matar. Tentei muito fazê-la falar de seus planos a Anatólio ou a Jacó, mas ela não falou. Às vezes, ficava indecisa e foi adiando a partida, até a véspera do prazo para desocupar a Toca. Tive permissão para desligar seu espírito do corpo morto, porque Bárbara nesta vida foi uma pessoa caridosa, as crianças do orfanato gostavam muito dela. Ela sofreu muito, foi agredida, não perdoou, mas não fez mal a ninguém até antes de se vingar.*

– *Se ela não fosse atéia, teria agido de forma diferente?* – perguntou Fernão suspirando.

– *Talvez! Fernão, você os sugestionou mas eles o ouviram porque quiseram. Você verá que opinião contrária à deles não será aceita facilmente. Vamos ver Bárbara.*

Fernão volitou com Frei Damião até a colônia distante que abrigava somente suicidas. A colônia era muito linda, florida, com chafarizes, um lugar acolhedor, mas os sensíveis podiam sentir a energia do remorso, sentimento comum nos abrigados.

– *Atos impensados* – elucidou Damião –, *como tirar a própria vida física, trazem muito arrependimento. Aqui trabalham espíritas bondosos, alegres e desencarnados moradores de outras colônias vêm aqui orar, corais tentam alegrar com seus cantos, instrumentistas dão espetáculos musicais, isso ajuda muito a suavizar padecimentos, porém a dor do remorso é muito forte e machuca. Bárbara está abrigada nesta enfermaria.*

Fernão viu Bárbara no leito, estava diferente, via-a sempre com os cabelos presos, agora soltos, desciam pelo travesseiro como cascata, magra, parecia adormecida.

– *Bárbara!* – chamou o frei. – *Como está, amiga?*

– *Boa tarde, senhor Damião. Estou melhorando. Hoje pela manhã fui ver no pátio um coral infantil. Fiquei saudosa das crianças do orfanato. Se pudesse voltar, iria organizar um coral com aqueles órfãos.*

– *Este aqui é um amigo meu, o Fernão* – Damião o apresentou.

– *Boa tarde, Bárbara* – respondeu Fernão emocionado. – *Alegro-me por vê-la bem.*

– *Ainda não estou bem, mas não quero me queixar. Você sabe o que eu fiz? Matei-me! Achei que iria acabar e tomei veneno. Tenho sofrido muito, sinto fome e não consigo comer e nem beber. Por favor, amigo, me faça dormir!*

Frei Damião levantou as mãos em direção a ela, que logo adormeceu. Os dois saíram para o pátio e o frei explicou ao seu pupilo:

– *Bárbara sempre me pede para adormecê-la. Ela realmente sente dores, sente o veneno corroê-la.*

– *Dorme para fugir da realidade?*

– Sim, ela está ainda muito confusa. Hoje a encontrei melhor, acho que foi a terapia da música, do coral infantil.

– Nossa amiga se lembrou das crianças do orfanato! – exclamou Fernão.

– As boas ações têm tanta força que basta pensar no bem realizado para se sentir melhor.

– Ela não pergunta dos amigos, não quis rever Jean Marie?

– Não – respondeu Frei Damião –, *parece que Bárbara se esqueceu deles. Somente recorda que se suicidou e das crianças do orfanato, porque aqueles infantes oram por ela. Não se lembra nem que assassinou aquele homem.*

– Ela irá se lembrar? – indagou Fernão.

– Não sei, cada um reage de modo diferente, ter matado seu próprio corpo físico foi algo muito forte, essa lembrança sobressai às outras. Não será forçada a recordar.

Fernão orou para que Bárbara se recuperasse. Foi visitá-la outras vezes, encontrou-a melhor em algumas, outras, em crise de desespero e arrependimento. Os dirigentes da colônia resolveram que ela voltaria a reencarnar. E Bárbara voltou, reencarnou numa cidade perto de onde ficava a antiga Toca, foi uma criança doente, fraca, nenhum remédio lhe dava alívio, tinha muitas crises e dores, e, aos oito anos, por causa de uma gripe forte, desencarnou. Dessa vez seu desencarne foi diferente, seu espírito se desligou do corpo físico assim que morreu. Foi levada para um educandário onde se recuperou e logo reencarnou. Dessa vez seu corpo físico foi sadio. Desde menina falava com convicção que não ia casar. Na adolescência, com medo que os pais a casassem, quis ser feia, cortou o próprio rosto com um galho e sujou o ferimento com terra para que infeccionasse. Ficou com uma grande cicatriz. Quando os pais convidavam pretendentes, ela se enfeava, fazia bigodes com carvão, pintava em excesso as sobrancelhas. E coitados dos pretendentes se ficassem a sós com ela. O hálito por comer cebola e alho antes que eles chegassem era horrível, agia com muita falta de educação e indelicadeza e por duas vezes ameaçou: "Se casar comigo, eu o mato!" e os pretendentes apavorados sumiam. Os pais faleceram e ela foi morar com um irmão que resolveu casá-la. Um senhor, amigo da família, devia muito dinheiro ao irmão dela e, achando que estava fazendo um bem à irmãzinha, falou ao devedor que, se o filho dele casasse com ela, perdoaria a dívida. Dessa vez, por mais que fizesse, não espantou o pretendente.

– Senhora, por favor – pediu o jovem apavorado –, case-se comigo, senão meu pai se mata ou eu me suicido.

– Não caso e ninguém morre! Tenho algumas economias e vou lhe dar.

Não era muito, mas ela as deu ao moço e resolveu conversar com o irmão. Disse a ele tudo o que sentia e o que queria: não casar. O irmão ficou indeciso, mas a cunhada a compreendeu e ficou do seu lado e as duas convenceram-no a desistir de casá-la. A dívida foi negociada. Ela, livre da possibilidade de casar, ficou tranqüila. Também, desde pequena, não gostava de ir à igreja. Um dia, tendo ido obrigada, fingiu passar mal, forçou e vomitou, então não foi mais com a desculpa de que passava mal e o padre a dispensou. Mas não conseguia se safar quando era procissão ou eventos ao ar livre. Não gostava nem de ver padres. Teve amigos, os sobrinhos gostavam muito dela e sentia-se bem.

Fernão ia vê-la com freqüência, e também visitava todos os do grupo. O que conseguiu de concreto foi que Maurícia, agora religiosa novamente, mas sem fanatismo, escrevesse aos outros falando que poderiam achar respostas a muitas indagações nos Evangelhos, meditando e encontrando dentro de si conclusões sobre Deus. Recebia respostas de alguns, falando sobre outros assuntos, não convenceu ninguém, acharam que Maurícia tivera uma recaída, mas se ela estava bem assim, era o que importava.

Caterine e Michel não tiveram filhos, não adotaram e ela o traiu muitas vezes, gostava de ser conquistada, admirada, não queria magoá-lo, mas, por mais que prometesse a si mesma, às vezes não resistia e tinha encontros amorosos. Michel não queria saber, amava-a e não fora enganado, sabia que Caterine era assim, Jean Marie até que o alertou. Nunca a seguia, esforçava-se para nem pensar em traição. Ficaram velhos, Caterine desencarnou primeiro e Fernão tudo fez para ajudá-la. Michel desencarnou idoso, também foi difícil seu desligamento.

Jacó viveu por dez anos na penúria, as garotas em Paris e Hugo lhe mandavam dinheiro. Desencarnou e vagou por anos pela cidade até que Fernão pôde socorrê-lo.

Fernão tudo fez para auxiliar o grupo e, como Frei Damião disse, a velhice sempre é acompanhada de doenças e limitações, mas mesmo em dificuldades não se voltaram à religião e nem a Deus. E assim, todos do grupo voltaram à espiritualidade. Não foi fácil para eles a mudança de plano, ateus acham que tudo acaba com a morte; continuar vivos após o corpo físico ter parado suas funções foi decepcionante e sofrido.

Fernão se desiludiu, não conseguiu fazer aquilo a que havia se proposto, como Frei Damião previu, eles não o escutaram, mas isso o fez entender a lei da afinidade. O grupo não se afinou mais com ele depois que mudou.

E nesses anos, Fernão viu somente uma vez o espírito daquele que fora naquela existência Jean Marie. Damião achou melhor que ele não fosse visitá-lo no período em que ficou desencarnado. Mas o ex-ateu não ficou muito tempo no plano espiritual, reencarnou logo. O tempo que um espírito fica na espiritualidade depende muito. Cada caso é um caso, e especial. Uns demoram pouco, a maioria anos e para alguns a permanência é longa. Depende principalmente da necessidade. Jean Marie quis reencarnar e teve permissão.

– *Queria voltar se possível num corpo feminino, não me foi agradável vestir um corpo físico masculino* – pediu ele.

Foi atendido. Frei Damião informava a Fernão tudo o que ocorria com aquele espírito. Quando Fernão foi visitá-lo, estava encarnado na condição de mulher. Viu-a pobre, suja, e ela o sentiu, ficou apavorada, tremia e começou a gritar:

– Socorro, uma entidade do mal aproxima-se de mim!

Amigos e familiares vieram ajudá-la e um desencarnado bom que os protegia observou Fernão e lhe pediu:

– Senhor, por favor, afaste-se! Reconheço que não é do mal e não quer prejudicá-la, mas no momento sua presença não faz bem a esta criança.

Fernão concordou com a cabeça e afastou-se. Ficou aborrecido, aquele espírito que um dia fora Isabel e Jean Marie não o aceitara. Lembrou como ele gritou naquele dia no túmulo: "*Nunca mais se aproxime de mim! Não o aceito!*" E ficou mais triste ainda por entender que ainda não conseguira amá-lo. Por momentos culpou Isabel, ela reencarnou deixando seus amigos e ele ficou com a responsabilidade de orientá-los e não conseguiu, sentia-se frustrado por ter tentado durante anos, e, no entanto, não fora ele a começar, mas ela. Tentava afastar esses pensamentos e esperançoso aguardava o futuro, porque compreendeu que o tempo modifica tudo, até os sentimentos.

A primeira etapa de sua tarefa estava terminada. Tinha se proposto tentar modificá-los e socorrê-los quando desencarnassem. O grupo todo tinha voltado ao plano espiritual. E somente Maurícia passou de descrente para crente, mas o fez porque era um espírito religioso. O restante desencarnou ateu e a vida continuara. Frei Damião o procurou:

– Fernão, você fez o que se propôs, agora é o momento de cuidar de si mesmo. Aprendeu muito com este trabalho, já sabe com certeza o que não se deve fazer. Por que não reencarna? Vou voltar ao físico e, se quiser, reencarnaremos juntos.

– Acho que necessito mesmo da bênção do esquecimento! – exclamou Fernão. – *E saber que o senhor estará por perto será muito gratificante. O senhor planejou fazer alguma coisa em especial?*

– *Reencarnar já é especial* – respondeu o frei. – *Reencarnarei e conviveremos por uns anos, não como pai e filho, mas se você aceitar o que a vida lhe apresentar, será como se fosse. Planejo sim, quero voltar ao sacerdócio, ser bom religioso e ensinar pelo exemplo. Meu ideal é fazer da religiosidade algo puro e por meio da religião tornar-me bom e motivar a todos a serem bondosos. Porque, Fernão, não é certo seguir uma religião, ser religioso e achar que não precisa ser bom, fazer o bem, ficar passivo, não se esforçar para ser melhor.*

Fernão pensou: "*De novo! Tomara que consiga!*"

– *Também espero!* – falou o frei sorrindo.

Lera seus pensamentos. Os dois foram contentes ao departamento reencarnatório da colônia em que moravam e planejaram a volta ao plano físico.[6]

Depois, como Lourenço, voltou ao plano espiritual. E o antigo Fernão encarnou ainda outra vez e nessa última vestimenta física exerceu novamente a medicina, sanando dores por muitos anos, como se fossem as suas. Com a bênção da reencarnação, ele esqueceu o período de sua existência como obsessor na França, até que recebeu, na espiritualidade, a visita de um espírito que sentiu ser querido, apresentou-se como Frei Damião e o fez lembrar...

6. Fernão recebeu o nome de Lourenço e Frei Damião de José Maria, personagens da história narrada por mim, Antônio Carlos, no livro *Aqueles que amam* (Petit Editora: São Paulo, SP). (N.A.E.)

REENCARNAÇÕES DE JEAN MARIE

Jean Marie estranhou o local para onde Frei Damião o levou, aquela casa de caridade, um posto de socorro muito bonito, mas não conseguia se adaptar, era na sua opinião muito simples e com ordens severas para ter disciplina. Não queria ser ingrato nem reclamar, se apavorava só de pensar no que sofreu com a desencarnação. Não se sentia merecedor de estar ali, não conseguia esquecer que fora ateu e o remorso o atormentava. Por isso, quando seu orientador disse que poderia reencarnar, entusiasmou-se. Voltaria como mulher. Acharam melhor aquele espírito estar perto de pessoas que acreditavam em Deus de modo simples. E Jean Marie voltou num acampamento de ciganos e recebeu o nome de Esperança. O grupo era pequeno, pobre e ela cresceu solta, achando tudo bom, mesmo que passasse fome e frio. Para aquele grupo, Deus era a natureza, era Pai-Mãe, Criador de tudo e acreditavam que eles voltavam sempre a renascer, às vezes em animais, por isso era obrigação serem bons com os animais. Esperança não prestava atenção nos detalhes religiosos, mas amava Deus em tudo. Tinha sensibilidade, vidência, escutava às vezes os mortos. Esse fato era considerado normal para aqueles ciganos. Aprendeu a dançar e gostava de se exibir. Mas a vida deles não era fácil, mudavam-se muito, e, como as aves, fugiam do frio. E eram chantageados. Para terem permissão para ficar acampados em determinados locais, tinham de pagar ou para o dono das terras ou para as autoridades. Eram perseguidos, humilhados e por muitas vezes as mulheres jovens tinham de pagar com seus corpos para homens sem escrúpulos.

– Como é triste ser forçado a fazer algo para ter sossego ou onde ficar! – lamentava-se Esperança.

Uma vez, um fazendeiro exigiu que Esperança e outras duas jovens fossem numa festa, foram dançar e eles as maltrataram: Esperança levou uma surra e ficou muito machucada. Foram ameaçadas: ou faziam tudo o que eles queriam ou iriam bater nos idosos do grupo. As três voltaram arrasadas para o acampamento.

– Não é justo algumas pessoas extorquirem assim as outras! – exclamou Esperança muito triste.

– Esperança – disse o líder dos ciganos –, aprenda uma coisa: a não fazer o que não gosta que lhe façam.

– Aprendi, nunca irei extorquir ninguém! Prometo a mim mesma.

– Sendo assim, aprendeu a lição que a vida está lhe ensinando.

O tempo passou, Esperança não teve filhos nem companheiro fixo, seus envolvimentos amorosos duravam pouco. A mocidade passou depressa, sua dança já não atraía mais, então ela aprendeu a ler a sorte, o fazia por carta, pelas linhas das mãos. O grupo que já era pequeno se dividiu, umas famílias resolveram ir para um outro local. Ela ficou com o líder, eram amigos.

Esperança estava com trinta e seis anos, já era considerada velha, a média de vida naquela época era de quarenta anos e os pobres viviam até menos. Iniciara o outono e o grupo cigano decidiu viajar, iam para um lugar onde o inverno não era muito rigoroso. Mas esfriou de repente, uma frente fria deixou o tempo com temperatura baixa. Esperança resolveu ir à cidade ler a sorte, esmolar para terem o que comer e levarem mantimentos para a viagem.

Entreteve-se numa taberna e, ao sair, foi assaltada, e o ladrão roubou tudo o que ela conseguira. O tempo escureceu, choveu e esfriou muito. Achando que não conseguiria ir para o acampamento que ficava a umas duas horas caminhando, resolveu ficar na cidade e conseguir algum abrigo para passar a noite. Mas ninguém quis lhe dar abrigo ou agasalho, ganhou somente meia garrafa de conhaque de má qualidade. À noite, ela ainda andava pela cidade. Sentindo muito frio, passou na frente da taberna que já tinha fechado e se encolheu no vão da porta. Tomou o conhaque, esquentou-se um pouco, mas, quando passou o efeito do álcool, sentiu muito frio, encolheu-se mais ainda e desencarnou por hipotermia.

Pela manhã, ao abrir a taberna, o dono viu-a morta, não sabia o que fazer quando o líder dos ciganos veio a cavalo a sua procura. O velho amigo chorou ao vê-la morta, pegou o corpo encolhido, endurecido e o levou para o acampamento. Aqueles ciganos faziam uma cerimônia para enterrar seus mortos. Reuniam-se, oravam, doavam energias e falavam ao falecido que seu corpo havia morrido, que não se apavorasse e que seguisse com seus antepassados. Esperança, que estava confusa, sentiu alívio nessa cerimônia, viu seus amigos e familiares desencarnados e partiu com eles para a espiritualidade. Seu corpo foi enterrado e no outro dia o grupo partiu.

Esperança foi abrigada num Posto de Socorro e pediu para reencarnar, achava que não era merecedora de morar naquele local, sentia que tinha de fazer algo, embora não soubesse o quê. Foi conversar com o orientador da casa que a abrigara:

– *Gosto de estar encarnada, acho que tenho de aprender vestindo um corpo físico.*

– *Temos sempre muito o que aprender* – disse o orientador. – *O que você aprendeu na sua encarnação mais recente?*

– *A não extorquir ninguém* – ela respondeu convicta.

– *Isso é bom! O que quer aprender na próxima encarnação? Qual é seu objetivo?* – o orientador quis saber.

– *Queria reencarnar num lugar onde aprendesse a trabalhar e, se não for pedir muito, onde não faça frio.*

– *Gostaria de ser negra? Escrava?*

– *Acho* – respondeu ela – *que não estou em condições de pedir mais nada. Já obtive três sim. Permitiram que eu voltasse logo ao plano físico, que aprendesse a trabalhar e num lugar onde não faz frio.*

Decidido, esse espírito voltou a reencarnar e veio para o Brasil. Nasceu perto do Rio de Janeiro, numa fazenda onde os escravos eram bem tratados, recebeu o nome de Lúdica e passou a ser Ludinha e chamada por uns espanhóis de Lurdinha.

Aprendeu realmente a trabalhar, desde pequena ajudava as mulheres lavando roupas, fazendo doces, cuidando das crianças, filhos dos escravos. Teve um companheiro aos quinze anos, foi mãe aos dezesseis e dezessete anos, de dois meninos. Estava com dezoito anos quando uma família de espanhóis veio trabalhar na fazenda, tinha muitas crianças e todos ali gostaram deles. Ludinha também, mas não do senhor Lourenço, sentiu antipatia assim que o viu. Resolveu evitá-lo. Ela estava grávida novamente e desconfiava que o pai de seus filhos a traía com uma moça, escrava da fazenda vizinha. Estava aborrecida, por causa de muito trabalho, dos filhos, dos enjôos da gravidez e por achar que estava sendo traída. Lavava roupas quando o espanhol, o senhor Lourenço, veio perguntar do seu companheiro que estava sumido. Ela sentiu raiva, seu marido devia estar com a outra e foi grosseira com o espanhol, o desafiou com ironia, não gostava dele, sem compreender por que, sentiu ódio como se ele fosse culpado de todos os seus problemas. Discutiram, ela cuspiu nele. O espanhol também não gostava dela; sem entender por que, sentia que ela o prejudicara muito, era a causa de seus problemas e dificuldades. Colocou-a no tronco e castigou-a, chicoteando-a.

Ludinha era geniosa, não deu um gemido, enfrentava seu carrasco com olhares desafiadores. Sentia dores, mas a raiva era maior. Os escravos gritaram e duas escravas foram correndo chamar o sinhô. Não era costume naquela fazenda ter castigos, o proprietário veio correndo.

– O que está fazendo? Por que bate nela?

– Ela não quer me dizer onde seu marido está! É uma negra rebelde!

– Rebelde?! – exclamou o sinhô admirado. – Ludinha é uma boa moça! Desamarrem-na! – ordenou para as outras escravas. – Levem-na para a senzala e cuidem dela. E você, Lourenço, venha comigo.

Indignado, o dono da fazenda despediu o espanhol. As mulheres carregaram Ludinha para a senzala, deitaram-na, cuidaram dela com carinho, ela abortou, sofreu muito, os ferimentos das costas sangravam e doíam. Ela chorou por horas e sentiu muita raiva. Acharam seu companheiro morto, ele não tinha fugido ou ido encontrar-se com ninguém, fora pescar, caiu no rio e morreu afogado. Ludinha sentiu alívio por saber que o espanhol foi embora, não ia mais ver aquele homem desagradável. Recuperou-se lentamente, perdera muito sangue no aborto, o dono da fazenda ordenou que ela descansasse até recuperar-se totalmente. Quando voltou a trabalhar, foi servir na casa grande. Não arrumou outro companheiro, anos depois a sinhá faleceu, o dono da fazenda dividiu a propriedade com os filhos e ficou somente com um sítio. Ludinha ficou com ele, tornou-se sua companheira e teve mais dois filhos. Esse senhor era muito bondoso, libertou os dois filhos dela, os que teve anteriormente e um deles foi embora, nunca mais ela o viu e nem soube dele, Ludinha sofreu muito por isso. O sinhô não tinha religião e ela rezava com os brancos e também fazia rituais dos escravos para entidades africanas. Pensava muito e não conseguia entender por que havia diferenças entre os seres humanos e por que Deus permitia a existência de escravos.

Se esse senhor foi bom para ela, Ludinha também retribuiu, ele ficou muito doente, ela cuidou dele por anos e, quando ele desencarnou, o sítio ficou para seus dois filhos que eram dele. Ela desencarnou com trinta e nove anos e pôde ser socorrida pelos ex-escravos desencarnados. Dessa vez, sentiu-se muito bem no plano espiritual, achou que merecia ficar na Colônia, gostou muito de lá e achou-a confortável.

– *Você, Ludinha, atingiu seu objetivo nesta encarnação?* – perguntou seu orientador. – *Queria reencarnar para aprender a trabalhar.*

– *Aprendi sim* – respondeu ela –, *acho que essa encarnação me foi proveitosa, agora gosto de trabalhar. A não ser por um dos meus filhos que muito me fez sofrer, tudo deu certo. Ainda estou preocupada com ele, tornou-se um malfeitor.*

– *Como todos nós, ele encontrará o bom caminho. Mas, o que você quer fazer agora? Qual é o seu objetivo?* – quis o orientador saber.

– *Não sei. Encarnada queria muito ser uma sinhá para tratar bem os escravos. Queria muito mesmo!*

– *Não quer mais?*

– *Quero! Se eu for uma sinhá, quero ser humana, bondosa, desejo dar bons exemplos aos outros senhores* – respondeu Ludinha convicta.

– *Você terá essa oportunidade.*

E aquele espírito que já fora Isabel, Jean Marie, Esperança e Lúdica reencarnou e recebeu o nome de Ambrozina, filha de fazendeiros, e tornou-se uma sinhá.[7]

Filha caçula de Jorge e Marcina, foi educada para respeitar todos os seres humanos. Aprendeu a ser religiosa, mas não gostava dos rituais da Igreja e discordava de alguns ensinamentos, como o que dizia que negros não têm alma. Costumava ler a *Bíblia*, principalmente os Evangelhos. Tinha sensibilidade, sentia os desencarnados, às vezes os via e orava com muito medo. Não se entusiasmou, como suas irmãs e irmãos, em casar; embora tivesse pretendentes, preferiu ficar solteira. Cuidou do pai doente, depois da mãe, herdou a sede da fazenda quando os pais desencarnaram e ficou morando sozinha. Era dinâmica, trabalhadeira e foi realmente uma pessoa boa, seus escravos a amavam e teve muitas discussões com escravocratas em defesa dos negros cativos. Ambrozina viu os escravos que ela tanto amava serem libertos e quando ficou doente foram seus ex-escravos que cuidaram dela. E ela deu a esses amigos, os negros que a serviram, tudo que podia: jóias, dinheiro, animais, porque sabia que a fazenda não podia doar, a propriedade ficaria para

7. O livro *Cativos e libertos*, que ditei à médium Vera (Petit Editora: São Paulo-SP), trata da história dos pais de Ambrozina. Também no livro *Escravo Bernadino* (Lúmen Editorial: São Paulo-SP) Ambrozina é uma das personagens. (N.A.E.)

os sobrinhos. Desencarnou idosa, cinqüenta e dois anos, acima da média de vida na época. Foi recebida com carinho no plano espiritual pelos seus beneficiados. Adaptou-se e fez planos de ficar muito tempo na espiritualidade, estava contente fazendo suas tarefas, quando recebeu uma visita.

– *Senhora Ambrozina, por favor, poderia me dar alguns minutos de sua atenção? Gostaria de conversar com a senhora sobre um assunto importante.*

– *Como devo me referir ao senhor?* – perguntou ela.

– *Damião, Frei Damião* – respondeu ele sorrindo.

– *Conheço-o? Sinto que devo lhe ser grata, mas não me recordo...*

– *Sabe que renascemos muitas vezes, não é?*

– *Sei sim senhor* – respondeu Ambrozina. – *Acho a reencarnação justa e maravilhosa. Já estivemos juntos?*

– *Não!* – respondeu aquele que outrora fora Frei Damião. – *Encontramo-nos uma vez, é sobre isso que quero lhe falar.*

Frei Damião falou devagar dos acontecimentos do passado ocorridos na França. Estavam acomodados num banco de um jardim e, conforme ele foi falando, Ambrozina foi recordando.

– *O senhor me socorreu! Desligou meu espírito do corpo físico apodrecido. Foi um horror! Que tristeza! Como pude ser ateu? Obrigada, senhor, por ter me ajudado.*

Pegou a mão dele e beijou-a. O frei sorriu.

– *A senhora já me agradeceu. Mas não vim visitá-la para receber agradecimento nem para recordar o passado. Vim lhe perguntar: está pronta para reparar?*

– Errei muito mesmo! Reparar? Como? O que posso fazer? – perguntou Ambrozina admirada.

– O que fez? O que acha que realmente fez de errado naquela encarnação? – indagou Damião em resposta.

– Espalhei o ateísmo. Aqueles que confiavam em mim passaram a ter a mesma opinião. Não somente fiz mal a mim, mas a outros também. O mal que fiz a mim, reparei, mas o que fiz aos outros...

– Pode reparar. Quer?

– Quero muito – respondeu Ambrozina esperançosa.

– Estou marcando um encontro com todos do grupo da antiga Toca. Aqui está um cartão com a data e o local. Venha! Reencontrará os amigos e planejarão a reparação de seus erros – convidou o frei.

– Irei sim! – afirmou Ambrozina.

Despediram-se, Ambrozina segurou o cartão com força, continuou sentada no banco e ficou pensativa. Recordou de tudo e se entristeceu muito.

"*Quando nos entristecemos com lembranças de erros que cometemos e sentimos que temos dívidas, é porque elas não foram pagas, reparadas e superadas.*"

– Como erros nos incomodam! – exclamou aborrecida.

– Mas a tristeza não os anula! – falou uma amiga que se sentara ao lado de Ambrozina, que, distraída com seus pensamentos, nem percebera; sorrindo, a amiga continuou a falar: *– Mas pela bondade infinita do Nosso Criador, podemos repará-los. Nada de tristeza, sim ao trabalho!*

Ambrozina sorriu e concordou com a amiga:

– Você tem razão, não podemos ficar tristes quando temos a oportunidade de reparar!

Aguardou ansiosa o encontro.

Aquele espírito que foi Frei Damião foi à procura de todos do grupo e fez a mesma coisa: conversou, ajudou-os a recordar o passado, fez o convite e também, ansioso, aguardou pelo encontro.

REENCONTRO

O encontro seria na Colônia onde Frei Damião era morador, o grupo viera de diversos lugares e foi conduzido a uma sala no Departamento da Educação. Foram chegando, uns tímidos, outros ansiosos, mas todos demonstraram surpresa. Seus aspectos estavam diferentes, todos tinham reencarnado depois daquela existência na França.

– *Você é Caterine!*

– *Deixe-me ver direito! Jean Marie!*

– *Hugo! Como está diferente!*

Abraçaram-se, estavam saudosos. Conversaram animados, todos queriam saber de todos. Onde estavam no momento, o que faziam, o que fizeram e a amizade aflorou forte. O antigo Jacques também estava contente, ninguém lhe cobrou nada. Ali não havia inocentes, todos erraram e o objetivo era planejar uma reparação.

Fernão também chegou, olhou-os saudoso; embora diferentes, ele os reconheceu. Esse fato ocorre no plano espiritual, reconhece-se o ser, o aspecto não importa. Ficou observando-os sorrindo.

– *Quem é você?* – perguntou Caterine.

– *Eu...*

– *Ora, que nos importam nomes?* – disse Anne. – *Eu me lembro ter tido uns vinte. Você não era do grupo, mas sinto que o conheço, só não estou conseguindo me lembrar. Huum!... Já sei, foi você que me socorreu quando desencarnei na França, quando me chamava Anne. Meu corpo físico morreu, sofri muito e você me ajudou. Posso lhe chamar de você?*

– *Pode sim, quero fazer parte dessa amizade tão sincera! Chamava-me na época Fernão e estava desencarnado.*

– *Você era o desencarnado que me influenciava?* – perguntou aquele que foi Jean Marie.

– *Sim* – respondeu Fernão –, *enquanto vocês estavam encarnados eu estava desencarnado e fazia, do meu modo, parte do grupo.*

– *Então se junte a nós!* – convidou Bárbara estendendo as mãos. – *Se foi convidado para esta reunião é porque devemos trabalhar juntos. Você sabe dos outros que não vieram, de Maurícia, Estevão, Filipe, Emília e o marido? Eles não vêm?*

– *Obrigado por me aceitar* – respondeu Fernão. – *Creio que os três que mencionou primeiro não têm nada para reparar. Maurícia naquela existência tornou-se religiosa novamente, crente fervorosa, mas sem o fanatismo de antes, foi boa esposa e ótima madrasta. Estevão desencarnou muito jovem, reconheceu seu erro e tratou logo de reparar seus atos errôneos. Filipe nem ateu foi realmente, os três estão bem, no momento estão reencarnados. Não virão ao encontro. Emília e o marido não aceitaram o convite, disseram não estar preparados para uma reparação.*

– *É uma pena!* – exclamou Bárbara. – *Pelo livre-arbítrio, eles podem se recusar, mas se nós conseguirmos realizar nossos planos, quando Emília e o marido resolverem se reparar, eles não terão nossa companhia e amizade, não nos terão por perto.*

– *Joaquim! Que bom revê-lo!* – exclamou Jacó.

– *Esse é Joaquim?* – perguntou Anne. – *Sei que fez parte do grupo assim que Jean Marie se tornou ateu. Você desencarnou dois anos antes de me juntar ao grupo. Seja bem-vindo!*

– *Obrigado* – agradeceu Joaquim. – *Infelizmente fui eu que falei do ateísmo para Jean Marie e...*

– *Não se culpe!* – interrompeu Jean Marie com carinho. – *Você também me falou de muitas outras coisas, fui ateu porque quis, naquele período afinei-me com a descrença. Estou muito contente por revê-lo.*

A conversa continuou animada. Como é bom rever amigos. Foi então que perceberam que o orientador do grupo, aquele espírito que muito ajudou a todos e que naquele momento preferiu ser denominado de Frei Damião, entrou na sala e os observava carinhosamente. O grupo se aquietou, sentaram e dele ouviram:

– *Sejam bem-vindos e agradeço-lhes por terem aceitado meu convite. Quando recordamos nossas múltiplas existências e entendemos que erros ficaram pendentes, é necessário então repará-los. Proponho nesta reunião que façam isso. Estamos aqui, meus amigos, para planejar a reparação de equívocos do passado. Gostaria de escutá-los e perguntem sobre o assunto. Estejam à vontade!*

Foi Caterine a primeira a se manifestar. Disse comovida:

– *Agradeço muito por estar aqui e aproveito para agradecê-lo Frei Damião pelo muito que recebemos do senhor. Acho que fui atéia naquela época por desconhecer a mim mesma, achava que eu era algo, uma coisa, não pensava ou achava que fosse um ser que tinha alma; não conhecendo a mim, não consegui conhecer Deus. Orgulhosa, julguei que tudo que via, que sabia que existia, era obra do acaso e não uma criação perfeita de Deus.*

– *Você, Caterine, sofreu pela descrença, não conseguiu entender o teísmo* – concluiu Frei Damião.

– *É difícil encontrar Deus externamente sem encontrar antes em nós* – falou Anne. – *Deus em mim estava dentro de uma pedra bruta, não O sentia e foi muito mais fácil não acreditar do que questionar.*

– *Acho que fui ateu* – manifestou Hugo – *pelo pseudo-Cristianismo que inventou um pseudo-Deus, um deus difícil de entender.*

– *Realmente* – interferiu Frei Damião para elucidar –, *o que não se entende é difícil de amar. E vocês, meus amigos, quando tiverem encarnados, deverão levar a outros a compreensão para que amem a Deus como vocês deverão amar.*

Jean Marie suspirou alto e todos olharam para ele; assim se expressou:

– Não acho que por termos sido ateus fomos enganadores, fomos sim auto-enganados, iludidos e até irresponsáveis. Neguei um pseudo-Deus que foi criado pelo egoísmo, um Deus do ambiente religioso daquele período. Não podia amar aquele Deus, preferi então determinar que não existia. Mas não procurei entendê-Lo, se tivesse procurado, teria achado, mesmo naquela época, o Deus racional que amaria.

– Fomos incoerentes – opinou Anatólio. *– Se achávamos que Deus não existia, não precisaríamos combatê-Lo, criticá-Lo, ninguém hostiliza ou dá importância para o que acha que não existe.*

– Eu, por não entender o sofrimento – falou Bárbara –, *por ver e dar ênfase a fatos que achava ser injustiças, senti ódio de Deus, depois achei mesmo que Ele não existia. Agora sabendo que voltamos muitas vezes a vestir um corpo físico e que recebemos as reações de atos indevidos, compreendi que Deus não castiga, não dá prêmios, não se ofende com nossos erros, mas que nossas ações nos pertencem. Eu ainda não consegui seguir uma religião, mas estou tentando ser uma boa pessoa.*

– Bárbara – Michel opinou –, *é fácil seguir uma religião, o difícil é ser bom. Frei Damião, o que é ser bom?*

– Ser bom é estar em harmonia com Deus – respondeu Damião –, *estar equilibrado com Suas Leis e amar com pureza a tudo e a todos. Se conseguirmos ser bons, com certeza seremos também bons religiosos, mas não se esqueçam de que religião deve ser a religação nossa com o Criador.*

– Quando estiver encarnado, quero seguir uma religião que me faça compreender o Criador. Quero ser bom diante de Deus! – exclamou Michel.

Fizeram uma pequena pausa e Jacó comentou:

– *Gosto muito de contemplar o universo e sempre muitas perguntas me vêm à mente: de onde ele veio? O que ou quem produziu tanta perfeição? E agora achei a explicação: Deus é que constitui a natureza das coisas, é absoluto e está em tudo. É a causa primeira e inalterável de todos os efeitos variáveis. E Deus não é somente para crer, é para amar.*

– *Se eu desse mais atenção, naquela época, para a minha intuição e raciocinasse mais, sentiria que estava errada* – lamentou Francesca.

– *Podemos de fato* – esclareceu Damião – *ter provas da existência de Deus, pela intuição racional e espiritual. Sentir Deus é mais que O definir. Vocês estão me surpreendendo, estou contente por vê-los modificados.*

– *Reencarnamos muitas vezes* – disse Victor –, *a dor ensina. Idéias ateístas ficaram no passado e para provar que realmente aprendemos, que nos modificamos, é que queremos reparar. Eu sonho em fazer muitas coisas, mas do idealismo a prática. Quero aproveitar essa oportunidade.*

– *Para terem êxito no trabalho de reparação que farão, convido-os a estudarem* – continuou Damião a esclarecê-los. – *Porque um crente pode tornar-se um descrente pelas circunstâncias externas, pela ilusão, por não entender, por achar o sofrimento injusto. Mas um ciente não perde o que aprendeu. Uma vez assimilado, compreendido é o tesouro adquirido do qual se torna o verdadeiro proprietário. Deus, meus amigos, é absoluto e definitivo, mas todos os nossos conhecimentos sobre o Criador e Seu reino estarão sempre em constante evolução. Ao progredirmos, nossa compreensão sobre Deus se torna mais clara e verdadeira.*

– *Realmente mudamos!* – exclamou Francesca. – *Antes eu achava que Deus era uma pessoa, depois não acreditei Nele, achei que era uma invenção, agora tenho um entendimento do que é o Criador. E, ouvindo-o, sinto-me feliz por saber que ao progredir, evoluir, terei uma melhor compreensão deste Ser Infinito. Quero progredir! Chega de ficar na inércia, parada, não somente quero reparar, mas fazer algo mais.*

– *Isso é bom!* – exclamou Damião contente. – *Devemos ter sempre um objetivo ao fazer uma tarefa, mas se a realizarmos com amor, ultrapassamos o que foi planejado. Porque quando fazemos planos e os executamos pelo trabalho, aprendemos muito e esse conhecimento é o efeito mais importante. E ao fazermos o bem, ao dar bons exemplos, auxiliamos pessoas a nossa volta.*

– *Quero e preciso estudar! Se é para reparar, que o nosso reparo seja bem feito!* – manifestou-se Cirano.

– *Concordo, também preciso aprender* – falou Joana. – *Tive muitos conceitos sobre Deus. Quero ser crente ciente, compreender tudo para acreditar. Mas tenho medo de falhar, sinto-me ainda muito inclinada aos apelos do sexo.*

– *Todos nós possuímos nossas deficiências, nossos pontos fracos nos quais devemos prestar atenção e corrigi-los* – opinou Bárbara.

– *De fato, temos receios* – falou Anne –, *mas não podemos nos prender a eles ou deixar que eles nos assombrem. Devemos ser otimistas. O que o senhor Damião nos aconselha?*

– *Que estudem! Fazemos melhor quando conhecemos! Devem começar logo a estudar, aqui estão alguns livros, os mais importantes para vocês e quando encarnados eles também vão auxiliá-los* – Frei Damião mostrou os livros que estavam sobre a mesa, era a coleção de Allan Kardec, ele pegou o que estava em cima, abriu e leu: – *A primeira pergunta da obra* O Livro dos Espíritos, *de Allan Kardec, é: "O que é Deus?" e a resposta é simples e profunda: "Deus é a inteligência suprema, causa primária de todas as coisas". Vocês, meus queridos amigos, terão uma boa literatura para orientá-los, esta coleção lhes dará entendimento de uma fé raciocinada.*

– *Isso é maravilhoso!* – exclamou Michel. – *Será que nós iremos nos encontrar quando estivermos reencarnados?*

– *Vocês* – respondeu Damião – *reencarnarão num mesmo país, numa região, não longe um do outro e a amizade e os objetivos os atrairão. Acredito que se encontrarão. Num prazo de oito anos todos voltarão ao plano físico. Agora, podem começar a planejar!*

– *Será que conseguiremos mesmo?* – perguntou Jean Marie. – *Não será difícil?*

– *A porta que nos leva aos erros é mais larga* – respondeu o orientador –, *o acerto é o da porta estreita. Desejo a vocês que consigam fazer o que tem de ser feito. Gostaria de lhe responder, Jean Marie, que será fácil, mas não posso. Entretanto, também não afirmo que será difícil; se amarem o que terão de fazer, será prazeroso!*

– *E se eu desistir quando estiver encarnado? Ou encarnada? Porque pretendo ser novamente mulher* – perguntou Jean Marie.

– *A dor será sua aliada!* – respondeu Damião tranqüilo. – *Se recusar pelo amor, a dor a alertará. Primeiro seu espírito cobrará, a sensação de ter de fazer algo e o tempo passar sem tê-lo feito a deixará triste, uma tristeza que dói. Você tem seu livre-arbítrio, fará se quiser, mas sinto que você não se recusará. Lembro-a de que conhecimentos legitimamente adquiridos nos pertencem, encarnada, mesmo com o esquecimento, eles ficarão adormecidos, estarão em você e isso a levará a procurar respostas coerentes para acontecimentos que não irá aceitar e, ao procurar, achará respostas. Com entendimento sentirá que terá de resgatar erros e, finalmente, é o que desejo não somente a você, mas a todos que ultrapassem a reparação. Façam o bem pelo amor ao bem, porque tem de ser feito e para se tornarem bons. Que Deus os abençoe!*

Frei Damião afastou-se e sentou-se num canto da sala demonstrando que não tinha mais nada a dizer. E eles começaram a falar, todos ao mesmo tempo.

– *Eu vou tentar ser filha de minha filha!*

– *Quero ser homem!*

– *Desejo vestir um corpo físico feminino!*

– *Vamos reencarnar na mesma cidade?*

Fernão também se entusiasmou:

– *Quero escrever bons livros!*

– *E eu editá-los* – disse Victor.

– *Vou ajudá-lo* – afirmou Jacó.

– *Quero ser sua amiga, Jean Marie!* – exclamou Bárbara.

– *Fernão, por favor!* – chamou Damião.

Fernão deu uns passos em direção ao amigo.

– *Onde ou como você estava quando os acontecimentos que serão reparados ocorreram?* – perguntou Frei Damião.

– *Desencarnado* – respondeu Fernão.

– *Assim será novamente* – afirmou o orientador.

Fernão não conseguiu esconder seu descontentamento, porém compreendeu que aquele espírito que tanto o ajudara, ao qual era totalmente agradecido, tinha razão. Desanuviou o semblante e sorriu. Olhou para o grupo com carinho; vendo-as tão entusiasmadas, perguntou ao amigo:

– *Não estão muito eufóricos?*

– *O entusiasmo é um bom começo* – respondeu Damião. – *O trabalho edificante não deve ser encarado como sacrifício, mas com prazer. Reencarnados, todos com certeza terão decepções, tropeços, motivos para chorar, sentirão cansaço, vontade de abandonar tudo, terão de lutar com eles mesmos, com suas imperfeições. Já pensou se começarem com desânimo? Que bom vê-los eufóricos, a alegria nos anima e quero todos motivados.*

Anne acenou para que Fernão voltasse à roda, ele o fez, voltou a participar dos planos. Iam estudar, reencarnar e, emocionados, ouviram Jean Marie expressar comovido:

– *Graças, meu Deus, nosso Criador, pelas oportunidades que nos dá, pela reencarnação, de repararmos nossos erros!*

FIM

Allan Kardec

O Evangelho Segundo o Espiritismo
O livro espírita mais vendido agora disponível em moderna tradução: linguagem acessível a todos, leitura fácil e agradável, notas explicativas.

Disponível em três versões:
- **Brochura** (edição normal)
- **Espiral** (prático, facilita seu estudo)
- **Bolso** (fácil de carregar)

O Livro dos Espíritos
Agora, estudar o Espiritismo ficou muito mais fácil. Nova e moderna tradução, linguagem simples e atualizada, fácil leitura, notas explicativas.

Disponível em três versões:
- **Brochura** (edição normal)
- **Espiral** (prático, facilita seu estudo)
- **Bolso** (fácil de carregar)

O Livro dos Médiuns
Guia indispensável para entender os fenômenos mediúnicos, sua prática e desenvolvimento, tradução atualizada. Explicações racionais, fácil entendimento, estudo detalhado.

Disponível em duas versões:
- **Brochura** (edição normal)
- **Espiral** (prático, facilita seu estudo)

Coletânea de Preces Espíritas
Verdadeiro manual da prece. Orações para todas as ocasiões: para pedir, louvar e agradecer a Deus. Incluindo explicações e orientações espirituais.

- **Edição de Bolso**

petit

Leia e recomende!
À venda nas boas livrarias espíritas e não-espíritas.

Romances de Antônio Carlos

Psicografados por Vera Lúcia Marinzeck de Carvalho

Morri! E agora?
Diversos espíritos descrevem sua passagem para o outro lado da vida. Morri! E agora? Onde estou? Na realidade, a maioria dos encarnados não se preocupa com essa inevitável transferência de plano – motivo pelo qual o Espírito Antônio Carlos reuniu tão expressivos depoimentos.

Filho adotivo
Dois irmãos são dados para adoção ainda crianças. Já adultos, voltam a se encontrar e começam a namorar. Como a espiritualidade os ajudará? Não deixe de conhecer essa história repleta de surpresas.

Muitos são os chamados
Marcos, jovem médico recém-formado, vê em sua profissão apenas um meio de ganhar dinheiro e ignora totalmente os apelos da espiritualidade na ajuda aos mais necessitados. Mas, um dia, perceberá seu erro...

Reconciliação
Narrativa esclarecedora e envolvente. Tudo começa com um duplo assassinato, o pai matando a facadas o filho e a própria esposa. Depois, uma lição maravilhosa de perdão e reconciliação. Se você gosta de um belo romance, não pode deixar de ler este livro.

Reparando erros de vidas passadas
Conheça a história de dois médicos que em encarnações passadas fizeram experiências científicas com seres humanos e assumiram assim inúmeros débitos. Um livro fascinante!

Se você quiser conhecer todos os nossos títulos, e se interessar em receber um catálogo, sem compromisso, envie seus dados para Caixa Postal: 67545 – Ag. Almeida Lima – CEP 03102-970 – São Paulo – SP ou se preferir via e-mail: petit@petit.com.br

petit